Rainer Holbe, 1940 in Komotau/Böhmen geboren, verbrachte seine Schulzeit in Frankfurt. Als Volontär begann er 1959 bei der *Frankfurter Rundschau,* von 1960 bis 1965 war er Redakteur bei dieser Zeitung. Anschließend bis 1972 war er Leiter des Frankfurter Büros der Zeitschrift *Bild und Funk.* Seit 1974 ist er Moderator und Redakteur für besondere Aufgaben bei RTL-Radio Luxemburg. Als »Mister Morning« moderierte er dort täglich ein eigenes Aktualitäten-Magazin. Holbes Karriere als TV-Moderator begann 1966, als er sich bei einem Quizmaster-Wettbewerb der ARD bewarb, um darüber für seine Zeitung zu berichten. Zu seiner eigenen Überraschung wurde er zum Sieger erklärt. Daraufhin bot ihm das ZDF die Moderation der Sendung »Show Chance« an. Von 1968 bis 1980 moderierte er die ZDF-Abendshow »Starparade«. Außerdem sah man ihn als Moderator in zahlreichen anderen Sendungen des ZDF. Für den Hörfunk und das deutschsprachige Fernsehen von RTL macht Rainer Holbe die Moderation und Redaktion der Reihe »Unglaubliche Geschichten«, die auch in Buchform vorliegt.

Elmar Gruber, 1955 in Wien geboren, studierte Psychologie, Philosophie und Ethnologie und war Assistent bei Prof. Dr. Hans Bender am »Institut für Grenzgebiete der Psychologie und Psychohygiene« in Freiburg. Er hat mehrere Bücher veröffentlicht, u. a. über Schamanismus und »New Age«. Seit 1983 ist er Co-Moderator und wissenschaftlicher Berater der RTL-Sendereihe »Unglaubliche Geschichten«. Elmar Gruber lebt in der Nähe von Karlsruhe.

Von Rainer Holbe ist bisher
als Knaur-Taschenbuch erschienen:

»Knaur LeseFestival – Unglaubliche Geschichten« (Band 1349)

Originalausgabe 1987

Umschlaggestaltung Adolf Bachmann
Satz Auer, Donauwörth
Druck und Bindung Ebner Ulm
Printed in Germany 5 4 3 2 1
ISBN 3-426-03869-2

Rainer Holbe / Elmar Gruber:
Magie, Madonnen und Mirakel

Unglaubliche Geschichten aus Italien

Mit zahlreichen Abbildungen

Knaur

RTL EDITION

ISBN 3-426-03869-2   780

Inhaltsverzeichnis

Vorwort:
Magisches Italien – Gedanken zu einer Reise . . . 11

Verkehrte Welt
Kann die Schwerkraft aufgehoben werden? 15

»Ich war ein Etrusker!«
Ein Mann entdeckt seine versunkene Heimat . . . 19

Das Grab des Alarich
Mit der Wünschelrute auf Schatzsuche 31

Die Zukunft auf Postkarten
Vorhersagen werden kontrolliert 41

Gast auf Lebenszeit
Der Heiler Nicola Cutolo aus Bari 45

Mann mit magischen Händen
Ein Arzt bestätigt die Heilerfolge 55

Der Fall der Steine
Die alte Kunst der Geomantie 61

Botschaften der schwarzen Rose
Malerei aus anderen Dimensionen? 67

Diktat aus einer anderen Welt
Von der Würde und der Bestimmung des Menschen 79

Monster vom Beginn der Welt
Vom Schiffsbauer zum venezianischen Maler . . . 85

Im Kloster des Schreckens
Bei Marcello Creti in Sutri 93

Die Kraft der Pyramide
Experimente mit unbekannter Energie 101

Besuch am runden Tisch
Eine spiritistische Sitzung und ihre Folgen 109

Die Frau aus dem Licht
Wie die kleine Roberta für Wirbel sorgt 113

Kontakte mit einer Unsichtbaren
Wer spricht aus dem Feigenbaum? 117

Die Frau aus Nazareth
Maria – ein parapsychologisches Phänomen? . . . 127

Gebete am Feigenbaum
Heilt die Madonna auch Kranke? 131

Eine heiße Quelle
Merkwürdige Vorkommnisse im Hinterhof 137

Manipulation der Außerirdischen?
Die kühne These eines Geologen 143

Tullias nächtliche Gespräche
Nachrichten von Menschen aus der Antike 149

Die Stimmen aus Grosseto
Morsezeichen aus dem Reich der Toten? 157

Der Engel der Harmonie
Ein Arzt spielt die Seelenmelodie 165

Kontakt mit dem Göttlichen
Starke Worte vom Petersplatz 175

Götterboten oder Astronauten?
Die Phantasie kennt keine Grenzen 179

Das Drama des Lebens
Darsteller und Zuschauer zugleich 187

Chimären des Lebens und der Liebe
Charakter und Schicksal in den Karten 195

Kalender aus der Schweinemilz
Großvater Ostunis seltsame Künste 203

PSI im ewigen Rom
Die Hauptstadt der Parapsychologie 207

Die Kunststücke des Dr. Rol
PSI oder Trick? 213

Der Fürst von San Severo
Vom Wirken und Erscheinen eines Magiers 219

Blick in die Zeit
Ein Mönch und »die größte Erfindung der Menschheit« 229

Bibliographie 237

Logisches Denken kann uns keinerlei Wissen über die empirische Welt vermitteln. Behauptungen, die durch rein logische Mittel aufgestellt werden, entbehren jeglicher Realität.

ALBERT EINSTEIN, PHYSIKER

Vorwort

Magisches Italien – Gedanken zu einer Reise

»Geheimnisvolles, wunderbares Italien. Aus dem Osten dieser Erde kamen die ersten Menschen in dieses Land. Und mit ihnen kamen ihre Götter und das Wissen um die Welt. Noch immer ist das Magische im Denken vieler Italiener erhalten geblieben. Das Eigentliche bleibt eben unsichtbar.«

Mit diesen Sätzen beginnen die acht Folgen einer RTL-PLUS-Sendereihe im Rahmen der »Unglaublichen Geschichten«, einem deutschsprachigen Fernsehprogramm aus Luxemburg, in dem wir bisweilen zu den Grenzen unseres Wissens vorstoßen und dem Phantastischen den ihm gebührenden Raum lassen.

In diesem Buch nun versuchen wir, die flüchtige Welt der Fernsehbilder festzuhalten. Jeder kann sich zu einem von ihm gewählten Zeitpunkt mit unseren unglaublichen italienischen Erlebnissen beschäftigen.

Im Moment gibt es etwa fünf Milliarden Menschen auf der Erde. Jeder hat zu den Fragen unseres Seins, zu dem Woher und Wohin, zum Sinn seines Lebens, einen eigenen, individuellen Standpunkt, der geformt ist durch seine Herkunft, die Gedanken seiner Eltern, Lehrer, Freunde und durch sein eigenes, intuitives Wissen.

Wie immer bei den »Unglaublichen Geschichten« können wir uns nur darauf beschränken, Ereignisse zu publizieren. Lösungen muß jeder bei sich selbst suchen. Beweise, wie sie die klassischen Naturwissenschaftler haben möchten, gibt es nicht.

Vier Wochen waren wir mit einem Kamerateam in Italien unterwegs und haben dabei Menschen getroffen, die

Unterwegs zu den Mysterien Italiens: Kameramann Adam Musialik, Rainer Holbe und Elmar Gruber (von links).

in dieser erfaßbaren auch eine erfahrbare Welt gefunden haben.
Beim Lesen dieses Buches werden Sie Umberto aus Rom kennenlernen, der in seinen Träumen auf Reisen ist in die Tiefen seiner eigenen Vergangenheit. Die Souvenirs, die er dabei mitbringt, sind durchaus real.
Sie werden Nicola aus Bari begegnen, einem Mann, der mit seinen Gedanken den Kreisel eines Kompasses beeinflussen und mit unsichtbaren Kräften Kranke heilen kann.

Es wird Ihnen sicher schwerfallen, der kleinen Roberta zu glauben, die seit zwei Jahren in dem Feigenbaum ihres Hinterhofes eine Madonnenerscheinung haben will.
Geradezu abenteuerlich wird es am Schluß des Buches, wenn wir vom Fürsten von San Severo berichten, dessen Geist angeblich in seinem alten Palazzo auftaucht, um in blutvollen Botschaften um seine Rehabilitierung zu kämpfen.
Und dann wird von einem Pater die Rede sein, der mit Wissenschaftlern einen »Chronovisor« entwickelt haben will. Ein Gerät, mit dem wir in die Vergangenheit schauen können.
Schon Plato im antiken Griechenland hatte die Idee einer zeitlosen Existenz, die er scheinbar gegen jede Vernunft als Wirklichkeit verfochten hat, wirklicher als jede tatsächliche Erfahrung. Diese, so sagt er, ist nur ein Schatten jener zeitlosen Existenz, von der alle Erfahrungswirklichkeit nur geborgt ist.
Wir freuen uns, daß Sie uns auf unserer italienischen Reise ein Stück begleiten.

Rainer Holbe / Elmar Gruber

Luxemburg, im Frühjahr 1987

Verkehrte Welt

Kann die Schwerkraft aufgehoben werden?

Die schmale Landstraße zwischen der kleinen Stadt Ariccia und Rocca di Papa wird von Weinbergen umsäumt. Manchmal führt sie auch durch einen kleinen Eichenwald. Hier, in der herrlichen »Campagna di Roma«, wächst der berühmte »Frascati«. Autofahrer, die von der alten Festungsstadt Albano unterwegs zum »Papstfelsen« sind, bemerken kaum die leicht abfallende Tendenz der Fahrspur. Sollten sie jedoch auskuppeln, um den Wagen rollen zu lassen, werden sie über ein bisher ungeklärtes Phänomen nachdenken müssen: die zeitweilige Aufhebung der Schwerkraft!
Oder wie sonst ist es zu erklären, daß Autos, Fahrräder und Mopeds ohne Antrieb plötzlich stehenbleiben, obwohl sie eigentlich den Berg hinunterrollen müßten? Faszinierend wird das Experiment allerdings in der umgekehrten Version, wenn nämlich Fahrzeuge ohne Antriebskraft den Berg hinaufrollen.
Selbst der schwere Produktionswagen von RTL PLUS fuhr – wie von Geisterhand gezogen – die etwa vier Prozent ansteigende Straße hinauf, ohne daß der Fahrer das Gaspedal berührte.
Kinder aus der Umgebung machen sich nach Schulschluß den Spaß und fahren mit ihren Rädern und Rollern den Berg hinauf, ohne ein einziges Mal in die Pedale treten zu müssen.
Für die Fernsehkamera geben wir einer leeren Weinflasche einen leichten Stups. Und schon geschieht Seltsames: die Flasche rollt den Berg hinauf, gerät dann allerdings wegen einer leichten Unebenheit im Asphalt aus der Spur und fällt in den Straßengraben.

Wir wiederholen das Experiment aus einem anderen Kamera-Blickwinkel. Es klappt. Soll die Flasche allerdings den Berg hinunterrollen, bewegt sie sich nicht von der Stelle.
Vorbeifahrende Italiener beobachten unsere Experimente, bleiben stehen und versuchen ebenfalls ihr Glück. Bierdosen, Tennisbälle und Salamis beginnen zu rollen, bergan und von geheimnisvoller Energie getrieben. Volksfeststimmung am Rocca di Papa. Keiner will es glauben, aber alle können es sehen. Eine optische Täuschung ist ausgeschlossen.
Weder Geologen noch Physiker oder Landvermesser haben das Phänomen untersucht, das mittlerweile in Italien bekanntgeworden ist. An Sonntagen rollen hier die sonderbarsten Gegenstände nach oben. Die Menschen freuen sich, ein Naturgesetz »außer Betrieb« zu sehen: die Schwerkraft.
Nach Ausstrahlung des Films erhalten wir in Luxemburg Hinweise von Zuschauern auf ähnliche seltsame Plätze in Europa. So berichtet Gerda Brandt aus Bovenden von einer Reise nach Polen an den Fuß der Schneekoppe. Auf einer schmalen Straße, die zu dem Ort Kr führt, habe der Fahrer den Motor des Busses abgestellt und das vollbesetzte Fahrzeug sei rückwärts den Berg hinaufgerollt.
Gerda Brandt: »Unser Reiseleiter tat zwar so, als ob er das Geheimnis kenne. Aber keiner unserer mitfahrenden schlauen Männer wußte sich einen Reim darauf zu machen!«
Heinz Zukunft aus Viersen-Boisheim entdeckte eine ähnlich merkwürdige Stelle durch Zufall in der Eifel.
»Auf meiner Fahrt von Schleiden nach Monschau habe ich den Wagen ausgekuppelt, um im Leerlauf einen Berg hinunterzufahren. Zu meiner Überraschung blieb der Wagen kurz darauf stehen und rollte rückwärts den Berg hinauf«, berichtet Zukunft.

Inzwischen machte er viele Bekannte auf das Phänomen aufmerksam, das sich in der Eifel bereits herumgesprochen hat.
Für alle, die es selbst probieren wollen: auf der Strecke von Schleiden nach Monschau etwa zweihundert Meter vom Ortsausgang Schleiden steigt die Fahrbahn an, um danach etwa fünfhundert Meter abzufallen. Gegenüber einem Zeltplatz befindet sich die Stelle, an der alles nicht mehr so ist, wie es uns die Wissenschaft seit Jahrhunderten erklärt: daß nämlich alles von oben nach unten zu fallen hat, weil es die Erdanziehungskraft gibt.
Es ist müßig, darüber zu spekulieren, welche Kräfte für diese Umkehr scheinbar festgefügter Strukturen verantwortlich sind. Ist es eine bisher unbekannte kosmische Energie, die punktuell auf unseren Planeten einwirkt, sind es die oft zitierten Erdstrahlen oder ist an diesen Stellen das Magnetfeld durcheinandergeraten? Für empirisch forschende Naturwissenschaftler wäre das Phänomen sicher interessant. Doch in ihren Köpfen herrscht oftmals die These, daß nicht sein kann, was nicht sein darf. Aber vielleicht macht sich doch mal einer auf in die »Campagna di Roma«. Dort wächst ja auch ein guter Wein...

»Ich war ein Etrusker!«

Ein Mann entdeckt seine versunkene Heimat

Umberto di Grazia war zum Pilzesuchen hier heraufgekommen. In den kleinen Eichenwäldern zwischen Ronciglione und Capranica hatte er seine geheimen Plätze, an denen die Steinpilze wuchsen, die er zu Hause in Rom in der Pfanne grillte und mit einer gehörigen Portion Knoblauch zu verspeisen pflegte.
Außerdem ist Umberto fasziniert von diesem alten Kulturland hier oben: Sanfte Hügel, ein weiter Himmel. Auf den Feldern wird Wein angebaut und manchmal auch Tomaten.
An einem Samstagmorgen, auf einer Ebene unweit der kleinen Stadt Sutri, hatte Umberto plötzlich eine Vision: aus einem alten, wuchtigen Stadttor sah er einen Trupp Soldaten marschieren. Sie trugen merkwürdige Rüstungen und schritten eine monumentale Mauer entlang. Die Männer kamen direkt auf ihn zu. Und dann geschah das Seltsame: Umberto di Grazia, Jurist und römischer Bürger des zwanzigsten Jahrhunderts, erkannte sich wieder in einem Mann. Er wußte in diesem Moment ganz genau, daß dieser Soldat dort er selbst war, in einer fernen Zeit, aber an diesem Ort.
Umberto setzte sich und atmete tief durch. So deutlich hatte er diese Bilder noch nie gesehen, obwohl solche Erscheinungen nichts Neues für ihn waren. Schon als Kind träumte er von Menschen und Dingen, die dann viel später in seinem realen Tagesbewußtsein auch tatsächlich auftauchten.
Umberto hat »das zweite Gesicht«, und in der Familie tut man alles, um diese Begabung so normal wie nur möglich zu akzeptieren.

Im Laufe seines Lebens lernte Umberto, dieses Talent zu nutzen. Wie viele sensitive Menschen übte er sich in »Astralreisen«. Amerikanische Parapsychologen nennen das »out-of-body«-Erlebnisse. Das »Ich« trennt sich im Schlaf vom Körper, um andere Bewußtseinsebenen zu erkunden, die sichtbare und die unsichtbare Welt aus einer anderen Perspektive zu erforschen. Mehr oder weniger erlebt das jeder Mensch in seinen Träumen.
Umberto kann diese Art von Reisen allerdings bewußt steuern. Schon bald bemerkte er auch seinen besonderen Zugang zu der ihn umgebenden Natur. Er begriff, daß er ein winziger, aber wichtiger Teil dieser Welt ist. Umberto kann Menschen heilen; er weiß um die wohltuende Wirkung von Kräutern und Säften.
In die Zeitungen geriet Umberto, als er schwere Erdbeben in allen Ländern der Welt schon Tage vorher exakt beschreiben konnte. Seitdem gehört Umberto di Grazia in Italien zu jenen paranormal begabten Menschen, deren Talent zwar offiziell nicht anerkannt, von Wissenschaftlern vieler Fachgebiete aber gerne genutzt wird.
Es dauerte Monate, bis Umberto verschiedene Archäologen der römischen Universität davon überzeugt hatte, doch mal in den Feldern zwischen Ronciglione und Capranica zu graben.
»Wir wissen, daß es dort römische Siedlungen gegeben hat. Aber etruskische Stadtanlagen werden wir nie finden«, erklärte man ihm immer wieder.
Doch genau dies wollte Umberto dei Gracia beweisen: daß sich jene geheimnisvollen frühen Siedler des italienischen Stiefels genau in jener Region niedergelassen haben.
Umberto ist felsenfest davon überzeugt, daß er selbst in einer früheren Existenz als Etrusker dort gelebt hat.
»Nach meiner Vision beim Pilzesuchen begann in meinen Träumen ein ganz bestimmter Mechanismus. Ich sah mich selbst als einen Krieger der vorrömischen Zeit.

Unterstützt von meinen außerkörperlichen Erfahrungen, begann ich immer mehr Details über mich in diesem früheren Leben zu erfahren. Ich sah mich selbst wie einen agierenden Schauspieler. In diese Träume kann ich nicht eingreifen, um vielleicht den Handlungsablauf zu verändern, wie man das bei normalen Träumen durchaus tun kann. Hier war alles festgelegt und ich erlebte das Dasein eines jungen Mannes, der beispielsweise eines Morgens auf der Hauptstraße eines kleinen Ortes steht. Es ist ein einfaches, aus Tuff gebautes Dorf. Der Mann sieht einen Brunnen, an dem ein Priester gewisse Riten durchführt. Ein Wehrgraben umgibt die Stätte. Ich spüre plötzlich eine Gefahr, die auf den Ort zukommt und die vom Priester bestätigt wird. Tierblut wird in den Brunnen geleert und nach den Bildern, die das Blut im Wasser formt, gibt der Priester seine Weissagungen ab. Alles deutet auf eine große Gefahr!«
Umberto sieht diese Bilder ähnlich wie Rückblenden in Spielfilmen.
Aber er riecht und schmeckt und fühlt wie ein unmittelbar Beteiligter.
»Ich sehe alles so deutlich, wie ich euch jetzt sehe«, erklärt er uns. »Nur sehe ich die Szenen nicht farbig. Aber dafür kann ich alle Details erkennen: Waffen, Kleidung, ja sogar die Falten in den Gesichtern!«
»Umberto, weißt du denn nach einem solchen Traum, daß es ein paranormales Ereignis war?«
»Ja, ich weiß es immer. Denn ich kann nicht eingreifen. Wenn man normalerweise von einer Gefahr träumt, kann man sich aus dem Traum zurückziehen oder man wacht auf. Wenn ich zum Beispiel in einem normalen Traum hinfalle, stehe ich wieder auf. Aber in paranormale Ereignisse kann ich nicht intervenieren. Ich habe dies auch bei den Träumen erlebt, in denen ich Erdbeben vorausgesehen habe. Exakte Geschehnisse aus Vergangenheit oder Zukunft lassen sich nicht verändern. Es gibt

Umberto di Grazia stellt bei der Untersuchung des Energiefeldes von Rainer Holbe fest, daß dessen linke Körperhälfte

energetisch schwächer ist. Liegt die Ursache dafür in einem früheren Leben?

also bestimmte Muster, nach denen ich erkenne, ob es sich um einen paranormalen Traum handelt!«
Umberto berichtet weiter, daß sich während dieser außerkörperlichen Erlebnisse sein Körper versteife und daß er ihn auch bisweilen im Bett liegen sehe, von einem undefinierbaren Standpunkt außerhalb des Raumes.
Umbertos Drängen bei den archäologischen Experten führte lange Zeit zu keinem Ergebnis. Also begann er, selbst dort zu graben. Schon nach wenigen Metern stieß er genau an jener Stelle auf eine Mauer, wo er die Vision der vorbeiziehenden Soldaten-Gruppe hatte.
Die Eigeninitiative von Umberto war illegal, aber wirksam. Mitglieder eines archäologischen Institutes fanden tatsächlich eine gut erhaltene Wehrmauer und den im Traum gesehenen Brunnen. Später stellten sie die Grundrisse einer wehrhaften Siedlung fest, die zweifelsfrei aus etruskischer Zeit stammt.
Das Areal hier oben ist gutes, fruchtbares Ackerland. Die Bauern haben wenig Interesse, daß ihr prähistorischer Boden von den Spaten internationaler Experten umgewühlt wird. Nach italienischem Gesetz darf Land nicht mehr betreten werden, wenn dort seltene, historische Fundstücke gemacht wurden. Und eine gut erhaltene Stadt aus der Zeit der geheimnisumwitterten Ursiedler ist eine archäologische Sensation.
Wehrmauer und Brunnen sind deshalb bisher nur zu einem Viertel freigelegt, von den Mauern eines Tempels leuchtet ein großes »Y«, einige Etrusker-Gräber in ihrer typischen Nischen-Form sind deutlich zu erkennen.
Sie entzündeten das Licht in Europa, schrieb einmal Werner Keller über dieses Volk, das aus dem Osten der

Ein von Umberto entdecktes Etrusker-Grab in der Nähe von Rom. Adelige aus der prärömischen Zeit wurden sitzend bestattet.

Erde in dieses Land gekommen war. Stadtähnliche Plätze entstanden, Ackerbau und Viehzucht wurden betrieben und ein Priester-Kult geboren, der freilich den Freuden des Lebens zugeneigter gewesen sein muß, als noch vor einiger Zeit vermutet. Obwohl auch die Griechen fast zeitgleich – also etwa 700 Jahre vor Christi – das Land besiedelten, muß es anfangs kaum Kontakte zwischen diesen Kulturen gegeben haben. Männer und Frauen scheinen gleichberechtigt gewesen zu sein, Wohlstand herrschte in dieser fruchtbaren Landschaft.
In den Museen dieser Erde gibt es nur wenige etruskische Statuen, Wandmalereien und kleine Fresken. Aber fast alle zeigen sie lächelnde, zufriedene Menschen.
Während die Griechen den Süden des jetzigen Italien besiedelten, lebten die Etrusker in selbständigen, Stadtstaaten-ähnlichen Siedlungen in der heutigen Toskana. Die Menschen beider Völker waren geschickte Handwerker, die ihre Waren im ganzen Mittelmeerraum verbreitet sehen wollten. Durch rege Handelsbeziehungen kam es zu immer mehr Reibereien und schließlich zu offener Feindschaft.
Mysteriös ist nach wie vor die Herkunft der Etrusker. Dieses rätselhafte Dunkel um ihren Ursprung macht sie zum bevorzugten Objekt zeitgenössischer Historiker. So schreibt Jochen Bleicken in der »Propyläen-Weltgeschichte«: »Schon in der Antike machte man sich über die Heimat der Etrusker Gedanken, und im Grunde ist man seitdem der Lösung dieser Frage nicht nähergekommen. Herodot wußte zu berichten, daß die Etrusker aus Kleinasien nach Italien gekommen seien; andere Alte wollten wissen, daß sie schon immer auf der Apenninenhalbinsel gesessen hätten. Zwischen diesen beiden Versionen hat auch der moderne Gelehrte noch die Wahl!«
So haben zumindest diese »Boten des Lichts« der Toskana ihren Namen gegeben, denn das lateinische »Tusci« bedeutet »Etrusker«.

Fest steht auch, daß es in der Frühzeit einen König gegeben haben muß, vornehme Adelsgeschlechter, die in ihren Festen und Ausschweifungen durchaus würdige Vorbilder der späteren lebensfrohen Römer gewesen sein können. Der Hang zu Luxus und Wohlleben läßt sich an den Strukturen ihrer Siedlungen ebenso erkennen wie an den wenigen Bildern auf Vasen und Wänden. Die Männer erfanden mancherlei Kampfspiele, gingen auf Jagd und Fischfang, vornehme Frauen förderten die Goldschmiedekunst, um letztlich davon zu profitieren. Im fünften und sechsten Jahrhundert müssen Schiffe der Etrusker bis ins heutige Südfrankreich und Spanien gekommen sein. Eine griechische Sage berichtet von etruskischen Piraten, die den Gott Dionysos gefangengenommen hätten und von einem entsprechenden Strafgericht in Delphine verwandelt worden waren.
Je prunkvoller und heiterer das Leben ist, desto häufiger der Wunsch nach Verlängerung der Lust. So entstanden außerhalb der belebten Siedlungen sogenannte Nekropolen, Totenstädte, die in Ausstattung und Architektur den prunkvollen Wohnorten der Lebenden durchaus ebenbürtig waren. An langen Straßen wurden die Toten in prächtig ausgestattete Gräber gesetzt, die je nach Vermögenslage der Verblichenen luxuriös bis einfach ausgestattet wurden. Fresken zierten die Wände der Totenhäuser, Sessel und Betten, Gegenstände des täglichen Bedarfs sorgten für eine sorgenfreie Existenz im Jenseits. Denn daß es ein Weiterleben nach dem Tode geben müsse, davon waren die Etrusker überzeugt. Fragmente von Wandmalereien zeigen Einweihungsriten in die Mysterien des Sterbens: Die Seele wandert auf dieser Welt seit Anbeginn aller Zeiten.
Hat Umberto di Grazia das Wissen der alten Etrusker in seinem Unbewußten gespeichert? Auch er »weiß« von der Seelenwanderung und ist überzeugt, schon viele Male in vielerlei Gestalt auf der Welt gewesen zu sein.

Vor der Kamera erzählt er phantastische Geschichten vom Leben der Menschen im Dunkel der Geschichte. Er zeigt uns den Graben des prärömischen Zentrums, das er in seiner Vision gesehen hat und das dann später an genau dieser Stelle ausgehoben wurde.
»Wenn ich mich hier ein wenig ausruhe, dann erinnere ich mich an weit zurückliegende Zeiten, in denen bewaffnete Krieger auf den Kampf gegen griechische Eindringlinge vorbereitet wurden. Es waren die Frauen und Kinder, die uns Soldaten die Rüstungen anlegten. Diese Arbeit fand außerhalb des Grabens statt. Wenn ich hier entlanggehe, verblüfft mich immer die szenische Übereinstimmung der Landschaft mit den Visionen meiner Träume«, berichtet Umberto.
Er zeigt uns den Grundriß eines Tempelbezirks, der noch ausgegraben werden muß. Wir gehen durch die einzelnen Räume wie über den großformatigen Bauplan eines Architekten. An den Mauern erkennt man uralte Strukturen.
Umberto: »Nach meinen Traumerinnerungen wurden in diesem Tempel Wahrsageriten nach dem Vogelflug oder einem Blutritual durchgeführt!«
Er deutet auf die Umrisse eines Brunnenschachtes. »In meinen Traumerinnerungen kippte der Priester eine rote Flüssigkeit, wahrscheinlich Tierblut, ins Wasser. Je nach den Formen, die sich daraus ergaben, formulierte er seine Prophezeiungen. Ich war wirklich überrascht, diesen Brunnen, der in meinen Visionen immer wieder auftauchte, hier bei Capranica tatsächlich zu finden!«
Nach diesen Entdeckungen auf den weiten Weinfeldern der Toskana, die von den Behörden noch geheimgehalten werden, um archäologische Räuber abzuschrecken und den Bauern das Land nicht zu zerstören, zog es Umberto di Grazia wie von magischer Hand an den See von Bracciano. Der athletische Mann, der niemals Tauchen gelernt hat, entdeckte ohne technisches Hilfsmittel

wie Brille oder Sauerstoffmaske tief unten im See eine römische Villa, die Säulen eines Tempels und das Pflaster einer Straße. Unweit von Rom hat Umberto vierzig Meter unter dem Meeresspiegel einen versunkenen Hafen und Reste von Wehrmauern einer prärömischen Stadt entdeckt. Funde bei Rieti und Viterbo machen Umberto di Grazia zu einem mittlerweile begehrten Partner vorwiegend junger Archäologen.

»Früher wurde ich für verrückt erklärt, heute hat sich das Feld paranormaler Archäologie explosionsartig geöffnet«, berichtet Umberto.

Seitdem das italienische Fernsehen mehrfach über seine außergewöhnlichen Fähigkeiten berichtet hat, ist Umberto di Grazia ein vielbeschäftigter »Sensitiver«, der seine diversen Begabungen geschickt vermarktet. Als Heiler ist er ebenso erfolgreich wie als Hellseher. Wer ihm begegnet, kann sich seiner Ausstrahlung kaum entziehen. Er spricht ruhig und überlegt, seine Bewegungen sind langsam.

»Wenn ich mich konzentriere, erkenne ich den Energiekörper des Menschen, seine scheinbar unsichtbare Astralebene«, sagt er.

Er berührt mich bei den Schultern, faßt mich an den Händen, läßt so den Austausch von Energie zu, wie er sagt.

»Du bist noch stark aufgeladen von den Emotionen eines früheren Daseins, das irgendwo im Süden Frankreichs stattgefunden hat. Ich sehe Burgen, Rauch und Feuer. Deine linke Körperhälfte ist energetisch schwächer ausgeprägt, so als ob ständig wertvolle kosmische Kraft deinen Körper verläßt. Diese Öffnung deines Astralleibes muß geschlossen werden, denn diese Verletzung aus einer anderen Zeit spürst du noch immer. Wahrscheinlich war es eine Lanze oder ein Schwert, mit dem dein Leben abrupt beendet worden ist. Ein Trauma, das in diese Existenz nachwirkt. Wahrscheinlich hast du unterhalb des linken Schulterblattes einen Leberfleck oder etwas Ähnliches!«

Woher weiß das Umberto? Genau an dieser Stelle habe ich ein daumengroßes Muttermal. Schon seit meiner Geburt...

Das Grab des Alarich

Mit der Wünschelrute auf Schatzsuche

Nach Altamura im Süden Italiens kommt selten ein Fremder. Doch wer sich umsieht, erlebt eine Art mittelalterlichen Stadt-Staat, in dem Mauern und Häuser, Kirchen und Steine uralte Geschichten erzählen von den Menschen, die sich vor der Kargheit ihrer Felder hierher geflüchtet haben. Bauernland, in dem es selten regnet und die Sonne wochenlang alles niederbrennt, was draußen mühselig gesät worden ist. Zwischen steinernen Mühlrädern, einem riesigen Baldachin-Bett und wurmstichigen Möbeln lebt Pietro Locapo, den die Bauern respektvoll den »Wolf der Murge« nennen.
Locapo, der stämmige Mann mit dem weißen Rauschebart, ist in der Tat eine eindrucksvolle Erscheinung. Geerbt von seinen Vorfahren hat er jene Talente, die man nicht aus Büchern lernt. Zusammen mit seiner Frau Vittoria kann er Krankheiten heilen, weil er weiß, daß jeder Teil unseres Körpers mit allen anderen in Verbindung steht. Da ist zum Beispiel die zwölfjährige Sandra, deren Mandeln regelmäßig rot geschwollen sind. Statt Antibiotika vom Hausarzt zu schlucken, massiert Vittoria ihr den rechten Arm. Dabei murmelt sie unverständliche Worte, Gebete, wie sie sagt, die sie schon von ihrer Großmutter gelernt hat. Wie auch immer die Körperzone des Unterarms mit dem Hals des Menschen im Zusammenhang steht, die Behandlung schlägt an, die Schwellung geht sichtbar zurück.
Wer heilt, hat recht, sagte schon der alte Paracelsus.
Pietro und Vittoria Locapo aus Altamura, Piazza Matteotti Numero 7, können noch mehr, als Kranken Linderung verschaffen.

»Wir beeinflussen das Wetter. Wenn nur genügend Menschen bei unseren magischen Riten zusammenkommen und konzentriert mitmachen, gelingt es bestimmt«, erklärt Pietro selbstbewußt und die bescheidenere Vittoria nickt zustimmend. Vor allem bedrohliche Unwetter wie Hagel, Sturm oder Gewitter könnten sie abwenden.
An diesem Tag scheint eine milde Sonne, weiße Wolken ziehen über den Horizont, die Landschaft riecht nach Wachstum und Gedeihen. Kein Grund, willkürlich die Künste des Ehepaares auszuprobieren.
Dafür hören wir viel Zustimmung in der Stadt, als wir die mögliche Fähigkeit Pietro Locapos ansprechen, mit der Wünschelrute Wasseradern aufzuspüren, um später dort Brunnen zu bohren.
Das Wünschelrutengehen ist auch in unseren Breiten als »Radiästhesie« bekannt und führt zu nachweisbaren Erfolgen. Was Pietro, der »Wolf der Murge«, mit seiner Rute sonst noch aufspürt, grenzt an die paranormalen Fähigkeiten von Umberto di Grazia. Zahlreiche archäologische Denkmäler in Apulien verdanken es Pietro, daß sie von meterdicken Erdschichten befreit im Licht des zwanzigsten Jahrhunderts stehen. Der Direktor des historischen Museums von Pennsylvania hat in einer Trattoria Altamuras seine gesamte Filmausrüstung verwettet, daß Locapo nicht in der Lage sein werde, die von ihm vermuteten antiken Gräber in der Nähe der Stadt zu finden.
Ein Team von US-Archäologen hatte monatelang mit Hilfe elektronischer Sonden vergeblich danach gesucht. Locapo hat die Filmausrüstung gewonnen.
Auch das berühmte »Gold von Altamura«, das jetzt im

Pietro Locapo – der »Wolf der Murge« – spürt mit der Wünschelrute archäologische Schätze auf.

Museum von Tarent ausgestellt ist, hat Locapo mit Hilfe eines Pendels entdeckt, das er über eine genaue Karte des Gebietes kreisen ließ. Als er sich auf einen Punkt konzentrieren konnte, hat er vor Ort mit der Wünschelrute gearbeitet und unter Aufsicht von Experten die Lage des reichsten Goldgrabes entdeckt, das je in Apulien gefunden wurde.
»Ich habe bei meiner Arbeit oft auch Visionen. Ich sehe Gesichter aus dieser Epoche. Sie tauchen nebelhaft auf und verschwinden wieder. Ich fühle mich aber zu keiner Zeit bedroht, denn es gibt keine bösen Geister«, erzählt Locapo.
In Santierigo Rapparo hat er die bisher größte Entdekkung seines Lebens gemacht: die höchste und schönste Höhle Lukaniens, ausgestattet mit herrlichen byzantinischen Fresken.
»In dieser Höhle haben begabte Menschen gelebt und gearbeitet. Es geht immer noch eine gute Atmosphäre von ihr aus. Sie ist ein heiliger Ort, angefüllt mit guten Gedanken«, berichtet Locapo, für den es keinen ewigen Tod gibt, nur Umwandlung und ständige Wiederkehr in allen natürlichen Formen.
»Das habe ich vom Wasser gelernt, das fließt, versickert und wieder hervorkommt. Kein Tropfen geht verloren. So ist es auch mit den anderen Dingen des Lebens. Nichts verschwindet, alles verändert sich auf der Welt«, erklärt Pietro Locapo.
»Ich bin in viele Höhlen gestiegen und damit dem Herzen der Erde immer näher gekommen. Sie ist unsere Mutter, ein lebendes Wesen, das wir schützen und achten müssen«, sagt Pietro.
Oft nimmt er von seinen Exkursionen eine Handvoll Erde mit nach Hause. Dann läßt er das Pendel kreisen und stellt seine Fragen vom Anfang und Ende, vom Sinn des Lebens und unserem Schicksal auf der Welt. »Wir sind ein Teil der Erde und die Erde ist in uns«, sagt

Locapo und weiß dabei nicht, daß vor mehr als hundert Jahren Chief Seattle, der Häuptling der Duwamish-Indianer, es ähnlich formuliert hat, als er dem Präsidenten der Vereinigten Staaten auf dessen Angebot antwortete, Land zu verkaufen.
»Wie kann man Land kaufen oder verkaufen, das uns nicht gehört? Wir können weder die Erde besitzen noch den Himmel, das Wasser und die Luft«, philosophiert auch Pietro Locapo und ahnt dabei wiederum nicht, wie nah er den Aussagen des fernen Indianers kommt.
Pietro Locapo freilich hat noch einen anderen Triumph im Verborgenen, über den er nicht so gerne spricht. Seit Jahren schon interessiert er sich für den sagenumwobenen Westgotenkönig Alarich, der einer Legende nach mit seinem Pferd und in goldener Rüstung im Fluß Busento begraben liegt, der zu diesem Zweck im Jahre 410 n. Chr. für kurze Zeit umgeleitet worden sein soll.
»Falsch«, sagt Pietro Locapo. »Diese Flußumlegung war ein gigantisches Täuschungsmanöver, um vom wahren Versteck des Goten-Goldes abzulenken. Alarich ist mit seinen Schätzen in einer Grotte versteckt worden, die ich in meinen Träumen schon oft gesehen habe und deren genaue geographische Lage ich bereits ausgependelt habe. Es ist sehr gefährlich, dort hinabzusteigen. Vielleicht werde ich es eines Tages tun.«
Weiß also Pietro Locapo um ein archäologisches Geheimnis, dessen Entdeckung für die Welt ebenso sensationell wäre wie 1922 die Ausgrabungen Howard Carters im ägyptischen Tal der Könige, der damals unermeßliche Schätze aus dem Grab des Pharaos Tutenchamun ans Licht gefördert hatte?
So ungewöhnlich, wie sie auf den ersten Blick zu sein scheint, ist »mediale Archäologie« wiederum nicht. Schon in der Frühzeit dieser Erde spürten sensitive Menschen, sogenannte Medien, verborgene Quellen, Schätze, Wohnstätten und Mineralien auf.

Kleinkinder zum Beispiel, deren intellektuelle Fähigkeiten gegenüber ihren intuitiven Kräften noch schwach entwickelt sind, können wahre Meister im Aufspüren verlorener und verlegter Gegenstände sein: ob Schlüsselbund, Manuskript, Schmuckstück oder Geldbörse, kleine Kinder finden Verschwundenes mit verblüffender Sicherheit oft schon in wenigen Minuten. Erst wenn sie in späteren Jahren ihre rationalen Überlegungen ins Kräftespiel beider Gehirnhälften einbringen, geht dieser »sechste Sinn« verloren.

Der amerikanische Archäologe Prof. David Zink hat vier Jahre lang sensitiv begabte junge Leute aus Nord- und Mittelamerika eingesetzt, um die Rätsel einer versunkenen Kolonie unweit der Bahama-Insel Bimini zu klären. Oft nur einen Meter unter der Wasseroberfläche der Karibik fanden die Forscher die Reste einer untergegangenen Zivilisation. So glichen zum Beispiel die Umrisse eines Tempels in Maßstab, Form und astronomischer Ausrichtung genau denen des großen Tempels von Jerusalem, den einst angeblich König Salomon hat bauen lassen. Unabhängig voneinander kamen die unterschiedlichsten Medien zu dem Ergebnis, daß eine Hochkultur hier über Jahrhunderte hinweg ihre Spuren hinterlassen habe.

Mythen, Legenden, Aussagen von spiritistischen Medien, aber auch Erkenntnisse traditioneller Wissenschaftler deuten darauf hin, daß eine Beziehung zwischen dem sagenhaften Kontinent Atlantis und der Insel Bimini besteht.

Prof. David Zink bat das in den USA bekannte Medium Carol Huffstickler, bei den Feldforschungen anwesend zu sein. In vielen Trance-Sitzungen formte sie ein Bild von Aufstieg und Untergang einer Zivilisation, von der schon Plato berichtete, die aber nie Eingang in die offizielle Geschichtsschreibung gefunden hat. Carol verblüffte die Wissenschaftler erst einmal mit dem Alter dieser Relikte unter dem Meer. Vor zwanzigtausend Jahren sei schon mit der Errichtung dieses Reiches begonnen worden, das dann einen »Untergang auf Raten« erlebte. Zerstört durch Naturkatastrophen, aber auch durch den Mißbrauch einer hochentwickelten Technik. So hätten die Atlantider kosmische Kräfte verwendet, um Energie zu erzeugen.

Aber es kommt noch phantastischer: Carol und andere, ihr unbekannte mediale Personen, behaupteten getrennt voneinander, daß die irdischen Bewohner von Atlantis telepathisch von einem Sternenvolk beeinflußt worden seien, das aus dem Gebiet der Plejaden vor 28 000 Jahren die Erde aufgesucht habe. Diese hochentwickelten, friedlichen Wesen seien offenbar auf einer Art galaktischer Mission gewesen. Ihr Äußeres, so die medialen Beschreibungen, wird mehr durch das Bewußtsein bestimmt, durch die Gestalt des Geistes. Erreicht ein Wesen dieses Niveau, sei es seine moralische Pflicht, die Schwingungsfrequenzen anderer Geschöpfe zu beobachten und zu lenken, die sich nach einem ähnlichen Muster und in ähnlicher Richtung entwickeln.

Die Aufgabe des Menschen auf unserem Planeten, so Carol, ist es, aufzubauen und uns bewußt zu werden, wer wir eigentlich sind.

Die Sirius-Bewohner hätten diesen Bewußtwerdungsprozeß schon hinter sich. Immerhin seien es diese extraterrestrischen Helfer gewesen, die vor dem Untergang des Kontinents gewarnt haben.

So konnten einige Bewohner auf Schiffen das heutige Ägypten, aber auch die Küsten Mittel- und Südamerikas erreichen. Beweis: Bauwerke, Schrift, Sprache und sogar die Rasse ähnelten sich. Übereinstimmungen, die sichtbar werden auch in der Struktur südamerikanischer und ägyptischer Pyramiden.

Noch ein »Seher« darf in dieser Aufzählung paranormaler, archäologischer Helfer nicht fehlen: Edgar Cayce,

der Farmersohn aus Kentucky, der während seiner bewußtseinsveränderten Erlebnisse nicht nur die Krankheiten ihm völlig fremder Menschen diagnostizieren konnte, sondern auch die Ursache für Leid und Unglück in früheren Existenzen aufspürte.
Cayce sagt viel über Atlantis. David Zink hat die Protokolle genau studiert und manch steinernen Beweis im warmen Wasser der Karibik gefunden.
Zink: »Das Atlantis von Cayce wies große Steinstädte, moderne, auch elektronische Kommunikationssysteme, Verkehr zu Land, in der Luft und unter Wasser auf, die Atlantider konnten die Schwerkraft aufheben und sich mit Hilfe großer Kristalle, der Feuersteine, die Sonnenenergie nutzbar machen. Was mit dieser fortschrittlichen Technologie jedoch erreicht wurde, liest sich fast wie ein Text über den Niedergang unserer eigenen, gegenwärtigen Zivilisation. Atlantis verfiel, geistig und moralisch, bis schließlich die gewaltigen durch die Kristalle verfügbaren Naturkräfte mißbraucht wurden. Dieser Frevel führte letztlich zu mindestens einer der großen Überschwemmungen, derjenigen, die durch zerstörerische Veränderungen der Erdbeschaffenheit die endgültige Vernichtung verursachte!«
Edgar Cayce, der im Wachzustand ein Mensch einfachen intellektuellen Zuschnitts gewesen sein soll, hatte weder von Geographie noch Geschichte große Ahnung. Doch in seinen Visionen, die katalogisiert in einem eigens gegründeten »Cayce-Institut« aufbewahrt werden, beschäftigt er sich oft mit den Hochkulturen dieser Welt.
»Etwa 900 überlebende Atlantider«, so schildert er an anderer Stelle, »haben das Land in Richtung Osten verlassen und auf dem Plateau von Gizeh eine erdbebensichere Stelle gefunden, um das Wissen des Universums der Nachwelt zu überliefern. Sie bauten die große Pyramide, die heute als Grabmal des Cheops gilt!«
Wer einmal vor diesem gewaltigsten Bauwerk menschli-

cher Geschichte steht, wagt die Theorie heutiger Ägyptologen ohne Arroganz anzuzweifeln. Wie kann ein einfaches Bauernvolk 2,5 Millionen Steinquader mit solcher mathematisch-astronomischen Präzision ausrichten, die das Können heutiger Baumeister total überfordern würde?
So ist die große Pyramide am Rande der Wüste auch ein Aufbewahrungsort für die Geheimnisse des Kosmos. Doch Rätsel sind da, um gelöst zu werden.
Hier schließt sich der Kreis zu den paranormalen Archäologen Italiens. Umberto di Grazia und Pietro Locapo könnten mit ihrer Sensitivität den streng rational ausgebildeten Wissenschaftlern von den Universitäten genauso zur Seite stehen, wie ein zum Heilen begabter Mensch einem studierten Arzt seine Hilfe anbietet.

Die Zukunft auf Postkarten

Vorhersagen werden kontrolliert

Umberto di Grazia, der mediale Archäologe, dessen Erfolge von italienischen Wissenschaftlern wie Dr. Marisa Bonelli oder Graf Marcello Reghini di Pontremoli, Präsident des Archäologenverbandes in Rom, anerkannt und bestätigt werden, grämt sich jedoch über die Arroganz der Parapsychologen seines Landes. Obwohl er und Mitglieder seiner Familie immer wieder von der genauen Erfüllung oft monatelang vorher abgegebener Prophezeiungen überrascht waren, schien kein Experte bereit, die hellseherischen Fähigkeiten Umbertos zu untersuchen.

Umberto di Grazia bot mehreren Fachleuten an, seine Visionen aufzuschreiben, die dann mit einem Eingangsstempel versehen und versiegelt werden sollten. Nur so hätte sich kontrollieren lassen, wann und in welcher Form Zukunftsvoraussagen tatsächlich eingetreten waren. Niemand wollte jedoch diese Aufgabe übernehmen.

Dieser Umstand hätte beinahe dazu geführt, daß eine außergewöhnliche Präkognition des römischen Sensitiven nie an die Öffentlichkeit gelangt wäre.

Acht Tage vor dem schrecklichen Flugzeugzusammenstoß auf Teneriffa im März 1977 träumte di Grazia das Unglück voraus. Auf zwei Postkarten, datiert vom 19. und 23. März 1977, berichtete di Grazia dem bekannten Parapsychologen Piero Cassoli von seinen Traum-Visionen.

Die erste Karte begann mit den Worten: »Heute nachmittag habe ich mich ein wenig nach dem Essen hingelegt. Ich habe etwas Fieber und fühlte mich erkältet. Ich

träumte, daß sich ein Flugzeugunglück ereignen würde. Ich sah den Himmel und hörte ein Flugzeug vorbeifliegen, ohne es zu sehen. Dann gab es einen ohrenbetäubenden Lärm, der sich mehrmals wiederholte...«
Auf der zweiten Karte beschreibt di Grazia den Traum aus der Nacht vom 22. auf den 23. März, in dem er noch einmal von einem verheerenden Flugzeugunglück auf einer Insel träumt. Diesmal stößt ein Flugzeug in eine Häuserreihe, die neapolitanischen Häusern aus den schlechteren Quartieren ähnelt. Dazu schrieb er: »Das Unglück müßte sich bis zum 30. März ereignen. Das Flugzeug wird gegen ein Haus mit Flügeln stoßen!«
Am 27. März geschah dann die Katastrophe von Teneriffa, bei der zwei Flugzeuge auf der Piste des Flughafens zusammenstießen. Die Traumsprache hatte aus dem Jumbo-Jet ein »Haus mit Flügeln« gemacht, denn ein Flugzeugunglück auf dem Boden wäre dem Träumer unwahrscheinlich vorgekommen und er hätte es vielleicht nach dem Aufwachen nicht mehr realisiert.
Umberto, der in Viterbo bei Rom geboren ist und genau wie sein Vater seinen Wehrdienst bei der italienischen Luftwaffe geleistet hat, träumt gewöhnlich nicht vom Fliegen.
»Aber immer, wenn ich von Flugzeugunglücken träume, geschehen welche. Deshalb war ich mir auch in diesem Falle sicher, eine Katastrophe vorausgesehen zu haben«, sagt er.
Die präkognitiven Träume beunruhigen den sensitiven Mann nicht. Was ihn irritiert, ist, daß man vielleicht von seinen Fähigkeiten nichts erfahren könnte, weil sich niemand systematisch darum kümmert.
Jetzt will Umberto seine Träume aufschreiben und auf Postkarten an ein bestimmtes Archiv senden, das den Eingang bestätigt und das Material verwahrt. Der Poststempel auf dem Schriftstück hält das Datum fest und ist gewissermaßen das Siegel der Wahrheit.

Inzwischen hat Umberto di Grazia eine Gruppe für »alternative Forschungen« in Rom gegründet. Graf Ottavio Rolando Ricci, der eine elegante Galerie besitzt, ist einer von Umbertos Förderern. Schriftsteller, Filmregisseure und Marketing-Leute gehören ebenfalls zu den Mitgliedern.

Umberto: »Zur Zeit erwägen wir Expeditionen nach Nordafrika. In meinen Träumen habe ich große, bisher unbekannte Städte gesehen, die zu längst versunkenen Kulturen gehören müssen. Ich hoffe, daß wir bald mit einem guten Team aufbrechen können!«

Natürlich widmet sich Umberto mit Akribie auch der Erforschung und Vervollkommnung seiner eigenen PSI-Fähigkeiten. Hört er von Medien aus anderen Gegenden seiner Heimat, bietet er Hilfe an beim Training solcher Begabungen.

»Medialität kann man üben wie Klavierspielen oder Tennis«, sagt er.

In einem kleinen Dorf unweit von Rom traf er denn auch auf den vierzehnjährigen Franco, der durch Zufall entdeckt hatte, wie man mit der bloßen Kraft seiner Gedanken Metall verbiegen kann. Dieser Effekt ist seit den Fernseh-Auftritten des Israeli Uri Geller hinlänglich bekannt und wird von Parapsychologen als »Psychokinese« eingestuft.

Obwohl sämtliche Familienmitglieder glaubwürdig von den seltsamen Künsten ihres Franco berichteten, schlugen viele Versuche unter Aufsicht von Umberto di Grazia fehl. Auch diese Beobachtung ist nicht neu, da die Versuchspersonen bei öffentlichen Auftritten scheinbar unter einem Leistungszwang stehen, der paranormale Fähigkeiten blockiert.

»Ich habe den Jungen dann aus der Entfernung beobachtet«, erzählt Umberto. »Und in wenigen Fällen war ich auch in der Lage, seine Experimente aus nächster Nähe und unter einwandfreien Bedingungen zu verfolgen!«

So habe Franco einmal einen Löffel aus einem Bestecksatz so verbogen, daß der Stiel an der engsten Stelle in einer Windung gebogen blieb. Interessant an diesem Versuch war, daß das Markenzeichen des Löffels, das sich auf allen Besteckteilen in der gleichen Form befindet, verändert war. Es war nicht nur größer geworden und sah wie geschmolzen aus, es fehlte auch ein Buchstabe des Markennamens.
Was war mit dem Löffel passiert? Welche seltsamen paranormalen Schmelzvorgänge waren hier geschehen? Sind sie ebenso rätselhaft wie die Geschichte des Goldringes, der in einem Etruskergrab in der Nähe von Capranica gefunden wurde und der, auf eine Münze gelegt, diese nach einer gewissen Zeit durchdrungen habe, so als würde das Geldstück schmelzen? Der Besitzer der Münze – um Anonymität besorgt – hat uns den geheimnisvollen Fund zwar gezeigt, war aber um nichts in der Welt dazu zu bewegen, das kostbare Stück auch vor der Kamera zu präsentieren.

Ein Gast auf Lebenszeit

Der Heiler Nicola Cutolo aus Bari

Castel del Monte ist das Juwel in der steinernen Krone des Reiches. Ein Dichter sagte dies einmal über das Schloß des Stauferkaisers Friedrich II. mitten in der hügeligen Landschaft Apuliens. Du kommst an einem Nachmittag hier herauf und erkennst die Herrlichkeit der Welt: Wein-Felder im Westen, das weiße Andria, der gewölbte Himmel und im Osten das Meer als ein blauer, dunstiger Streifen am Horizont. Weder Jagd- noch Lustschloß soll es gewesen sein. Welchen Zwecken diente der Bau, den der Kaiser mal einen »hübschen architektonischen Einfall« genannt haben soll, eine Orgie der Zahl Acht, die wiederkehrt in den acht Türmen, dem achteckigen Innenhof, den acht achteckigen Prunkräumen. Mathematik in Stein, so wie die große Pyramide des Cheops? Noch ein nicht entschlüsseltes Geheimnis auf unserem Weg?
Unweit der großen Stille das lärmende Bari. 360 000 Einwohner, ein paar laute Hotels und Autofahrer, die sich um rote Ampeln nicht scheren. Am Abend sind wir im »Marc Aurel« verabredet, dem In-Restaurant der schicken, jungen und reichen Barinesen. Wir sind mit dem TV-Team unterwegs und sehen keine Chance auf einen Tisch. Farbiges Neonlicht macht aus weißen Räumen eine bizarre Kunst-Welt. Ein Speiselokal in Italiens Süden hatten wir uns anders vorgestellt.
Der Geschäftsführer erscheint, bedauert, will uns einen Tisch in der nächsten Woche reservieren. Da kommt Nicola zur Tür herein, im Jeans-Anzug und leichtem Bauchansatz. Die Brille mit den starken Gläsern ist auf die Nase gerutscht. Eigentlich wirkt er unscheinbar, aber

Das RTL-Team am Castel del Monte, dem rätselhaften Schloß des Stauferkaisers Friedrich II.

die Gasse tut sich auf. Ein Spalier an Gästen und Kellnern bildet sich. Nicola schreitet auf uns zu und küßt uns erst einmal.
Aber natürlich hat er einen Tisch für uns, schließlich seien wir die Freunde von Nicola Cutolo und das sei schließlich ganz etwas anderes, sagt freundlich der Geschäftsführer, der gleich den Besitzer holt, und alle geleiten sie uns nun hinter einen Paravant.
Es dauert Sekunden, dann steht apulischer Wein auf dem Tisch und eine Riege von bisher nie gesehenen Vorspeisen, von denen hier nur die delikaten Knoblauchbrote mit Tomaten und Löwenzahnblättern und das Erbsenpüree mit einem Schuß grünen Olivenöls erwähnt werden sollen. Später gibt's bergeweise Fisch, Hummer und Langusten und natürlich »Dolce«, das herrlich süße Gebäck Apuliens. Dazu erzählt Cutolo; die Worte fließen ihm wie ein Sturzbach aus dem Mund. Er ist unser Gastgeber, ihm gilt unsere Aufmerksamkeit.
Es ist weit nach Mitternacht, als wir das Restaurant verlassen. Cutolo verteilt Zehntausend-Lire-Scheine an die Kellner, dann kommt der Wirt und zerreißt mit großer Geste die Rechnung.
Warum?
Nicola Cutolo ist der Star Apuliens, ein Mann, der heilt, die Zukunft deutet, verschwundene Personen findet und den bösen Fluch verbannt.
Und damit wären wir auch schon bei der Geschichte des Restaurants »Marc Aurel«, das nach seiner Eröffnung leergeblieben war. Am Mittag und am Abend. Köche und Kellner waren ohne Arbeit, der Wirt verzweifelt. Kein Gast ließ sich blicken.
Dabei befindet sich das Haus in der besten Gegend von Bari, genug Reklame war gemacht worden und der Chefkoch hat einen guten Ruf.
In seiner Verzweiflung wandte sich der Maestro an Nicola Cutolo. Schließlich versteht er sich darauf, Men-

Nicola Cutolo, Prof. de Pergola und Elmar Gruber.

schen zu heilen. Warum sollte er es nicht einmal mit einem siechen Restaurant versuchen?
»Ganz einfach«, soll Nicola gesagt haben, »das Haus ist verhext. Ein böser Fluch vertreibt die Gäste.«
Was Nicola Cutolo schließlich an magischen Sprüchen, Ritualen oder Pülverchen verwendet hat, darüber schweigen sich Heiler und Gastwirt aus. Tatsache ist nur, daß nach dem Besuch von Signore Cutolo die Gäste nur so strömten. Zu allen Mahlzeiten ist erst nach langer Vorbestellung ein Tisch zu bekommen. Und dies bis zum heutigen Tag.

Der Wirt revanchierte sich auf süditalienische Art: Bis zu seinem Lebensende darf Nicola Cutolo mit Familie und Freunden bei ihm essen, wann und wie oft auch immer. Kostenlos, versteht sich.
Nicola Cutolo, Mitte Vierzig, ist Heiler, so lange er denken kann. Die Liste seiner dankbaren Patienten ist lang, und sie alle stehen mit ihrem Namen in der Öffentlichkeit dafür ein, daß Cutolo ihnen geholfen habe, obwohl die Ärzte sie schon aufgegeben hatten. Da ist Terzina Burattini, die bereitwillig ihre Krankenblätter zeigt. Untersuchungsberichte vor ihrer Behandlung gaben ihr kaum eine Überlebenschance. Ärzte, die sie nach der Behandlung durch Cutolo untersuchen, wollen es nicht glauben. Terzina ist gesund.
»Hier geschehen keine Wunder«, sagt Nicola bescheiden. »Die Menschen heilen sich alle selbst. Ich bin nur der Transformator, der ihre gestörte Harmonie wieder stabilisiert!«
Nicola Cutolo geht, übrigens wie die meisten sogenannten Geistheiler, davon aus, daß der Mensch neben dem organischen Körper einen feinstofflichen Energie-Leib besitzt, in dem sich Krankheitssymptome bilden, noch ehe sie organisch lokalisierbar sind.
»Krankheiten entstehen, wenn unser inneres Gleichgewicht gestört ist. Jede organische Störung hat somit ihre Ursache im seelischen Bereich. Leichte und schwere Krankheiten sind der Aufschrei einer gequälten Seele«, erklärt Cutolo.
»Ich verwandle mit meinen Händen Disharmonie in Harmonie, löse Blockaden und Verkrampfungen und spüre kommende Krankheiten schon in ihrem Vorfeld auf, so daß sie oft gar nicht zum Ausbruch kommen!«

Mit der Kraft seiner Gedanken bewegt Nicola Cutolo den Richtungsanzeiger eines Kreiselkompasses.

In der Innenstadt von Bari bewohnt Nicola mit seiner Frau – einer Lehrerin – und seinen fast erwachsenen Söhnen eine geräumige Wohnung. Zwei Zimmer sind als Warte- und Arbeitsraum ausgestattet. Urkunden hängen an den Wänden, der ans Kreuz geschlagene Gottessohn fehlt ebensowenig wie der lächelnde Buddha.
Eine Patientin, Signora Carlotta, läßt uns bei ihrer Behandlung zuschauen. Im Abstand von etwa zehn Zentimetern fühlt Nicola Cutolo erst einmal den gesamten Körper von Carlotta ab. Er kommt ihr dabei nie näher als ein paar Zentimeter. Seine Hände kreisen. An manchen Körperstellen verharrt er.
»Sie haben Schwierigkeiten mit der Bauchspeicheldrüse, aber auch die Durchblutung in den Beinen ist nicht in Ordnung«, sagt er. In der Anatomie des Menschen kennt er sich aus. Schließlich hat er lange als Helfer im Krankenhaus gearbeitet und entsprechende Literatur studiert.
Carlotta muß sich hinlegen. Cutolo beginnt gleich mit der Behandlung. Die Bewegungen seiner Hände sind ähnlich wie bei der Diagnose. Manchmal drückt er auf die Stelle der Bauchspeicheldrüse, berührt auch die Beine.
»Es geht Ihnen schon viel besser, Signora«, sagt er. »Noch ein oder zwei Behandlungen und Sie sind Ihre Leiden los!«
Signora Carlotta entlohnt Nicola mit umgerechnet fünfzig Mark. Er verlangt keine festen Summen, die Leute geben, was sie können. Manche zeigen sich überraschend großzügig, wenn Nicola Cutolo sie von Schmerz und Leid befreit hat.
Er schreibt keine Rechnungen, gibt keine Quittungen. Das Finanzamt hat sicher wenig Spaß am Geistheilen.
Natürlich stellen auch wir uns einer Ganzkörperuntersuchung – ein jährlicher »Check up« kann schließlich nichts schaden. Ich bin total überrascht, als Cutolo nach Befühlen meines »Ätherleibes« eine fünf Zentimeter

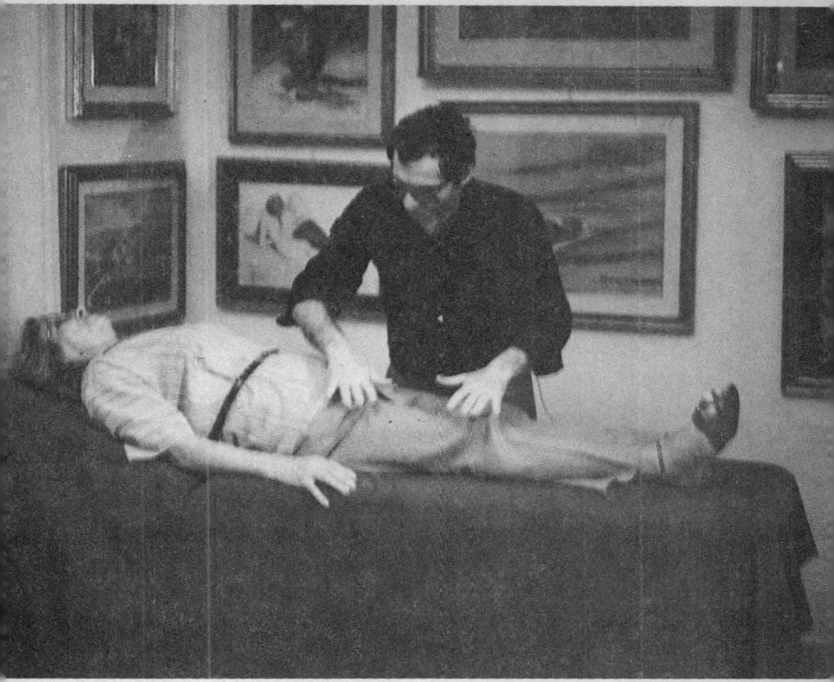

Nicola Cutolo bei der Behandlung einer Patientin. Niemals berühren seine Hände den Körper der Kranken.

lange Narbe am linken Lungenflügel entdeckt, Überbleibsel einer Krankheit, wegen der ich als Dreizehnjähriger ein halbes Jahr nicht in die Schule mußte.
Ansonsten scheint Nicola ganz zufrieden mit mir, stellt aber – genau wie Kollege Umberto – eine energetische Schwächung meiner linken Körperhälfte fest. Und tatsächlich, wenn ich genau darüber nachdenke, habe ich nach einem langen Tag oft leichte Schmerzen im linken Bein.

Der Drehtag in Bari endet im »Marc Aurel«, bei Hummer, Langusten und literweise Wein aus Apulien. Und auch diesmal wieder vollzieht sich das Wunder der zerrissenen Rechnung...

Mann mit magischen Händen

Ein Arzt bestätigt die Heilerfolge

Am nächsten Tag sind wir mit Professor Elio de Pergola verabredet, der einst das städtische »de-Venere-Krankenhaus« leitete und jetzt Chefarzt einer Privatklinik ist. Elio de Pergola gehört zu den immer zahlreicher werdenden europäischen Medizinern, die alternative Heilweisen studieren und Heilphänomene anerkennen, die durch den Einfluß von Laien zustandekommen.
Auf einem Naturheiler-Kongreß in Bari lernte er Nicola Cutolo kennen und man baute gemeinsam zwei Forschungsserien auf. Zunächst sollte festgestellt werden, ob es Geistheilung – in Italien »Pranotherapie« genannt – überhaupt gibt. Im zweiten Abschnitt sollte versucht werden, die Mechanismen zu studieren, wenn sich das Phänomen als echt erweisen sollte. Vier Monate hat Cutolo daraufhin im Krankenhaus gearbeitet, ohne die geringste Bezahlung.
Prof. de Pergola: »Cutolo hat vier Monate seines Lebens geopfert, ohne etwas zu verdienen. Er war getrieben von der Neugier, mehr über sich und seine Heiler-Fähigkeiten zu erfahren!«
Cutolo widmete sich nur jenen Patienten, die zusätzlich zu der Behandlung durch ihre Ärzte auch die Hilfe eines »Geistheilers« in Anspruch nehmen wollten.
Prof. de Pergola: »Das Ergebnis war für uns Mediziner wirklich verblüffend. Denn wir haben feststellen müssen, daß etwas Wahres am paranormalen Heilen ist. So haben wir einen positiven Einfluß auf Schmerzen festgestellt. Cutolos Hände berührten die Patienten nicht, trotzdem verschwanden die Schmerzen. Wir hatten einen Blinddarm-Fall, bei dem nicht nur der Schmerz,

sondern auch das Fieber verschwand. Natürlich haben wir den Kranken trotzdem operiert, doch Schmerz und Fieber tauchten nicht wieder auf!«

»Haben Sie als Mediziner eine Theorie, wie es möglich ist, daß Schmerzen auf diese Weise verschwinden?«

Prof. de Pergola: »Zunächst muß ich sagen, daß nicht allein Schmerzen verschwanden, sondern auch andere krankhafte Erscheinungen reduziert wurden. Viele Krankheiten, die nicht auf seelische Ursachen zurückzuführen sind, haben sich gebessert oder sind verschwunden!«

Gerade die besonders neurotischen, hysterischen Patienten seien am wenigsten von der Pranotherapie beeinflußt worden, meint de Pergola.

»Erbrechen, Magen- und Darmbeschwerden sind oft schon durch eine Behandlung des Geistheilers verschwunden«, konnte der Arzt beobachten.

»Bei der Tumortherapie haben sich bösartige Geschwulste zwar weiterentwickelt, doch alle subjektiven Begleiterscheinungen – nicht nur die Schmerzen – sind verschwunden. So haben die Patienten die chemotherapeutische Behandlung, die gewöhnlich viele Beschwerden bringt, besser vertragen. Wir haben also bei fast jedem Krankheitsfall positive Ergebnisse durch Geistheilung erzielen können«, erklärt Prof. de Pergola.

Wir wollen wissen, ob er dafür eine wissenschaftlich vertretbare Erklärung hat.

Prof. de Pergola: »Ich bin davon überzeugt, daß jeder Mensch Fähigkeiten zur geistigen Heilung besitzt. In allen Lebewesen scheinen Energien zu existieren, die wir noch nicht kennen. Jeder Mensch besitzt diese Fähigkeiten, und ich bin davon nicht überzeugt, weil ich daran glaube, sondern aufgrund der Phänomene, die ich selbst beobachtet habe. Wir müssen diese besonderen Energien erforschen, und zwar mit der wissenschaftlichen Einstellung, nur das *als wahr* zu akzeptieren, was *als wahr* festgestellt werden kann. Andererseits halte ich es nicht für eine wissenschaftliche Einstellung, diese Phänomene abzustreiten, ohne überhaupt irgendein Phänomen wissenschaftlich untersucht zu haben. Wir können nicht behaupten, daß ein Phänomen *nicht* existiert, solange wir nicht demonstriert haben, *daß* es nicht existiert!«

Professor de Pergola hat seine fortschrittlich-vernünftige Einstellung auch im Süden Italiens eine Menge Ärger gebracht. Ärzte-Kollegen forderten sogar seine Ablösung als Chefarzt, weil er Kurpfuschern das Handwerk rede. Erst nach langen juristischen Querelen hat ein Gericht in Bari de Pergolas Handlungen legitimiert. Seitdem arbeitet auch Cutolo auf Wunsch einzelner Patienten im Krankenhaus mit.

Geistheilung wird in Großbritannien vom öffentlichen Gesundheitsdienst bezahlt, in der Schweiz, der Bundesrepublik und den USA beispielsweise sind diese Praktiken verboten.

Erst vor einiger Zeit sorgte eine vergleichsweise harmlose TV-Sendung über Fernheilung für einen Aufschrei in den Medien. Links- und Rechts-Presse waren sich ausnahmsweise einmal einig in der Verdammung von Praktiken, deren positive Kräfte die Heilung der Seele und damit des gesamten Individuums zum Ziel haben.

Natürlich gibt es – wie bei allen paranormalen Phänomenen – auch Schwindler und Scharlatane. Und zugegebenermaßen ist es schwierig, den einen vom anderen zu unterscheiden.

Live bei RTL PLUS im Fernsehen übertragene Experimente mit Geistheilern brachten für die daran beteiligten Patienten durchweg gute Ergebnisse.

So konnte der Tiroler Arzt Dr. Leonard Hochenegg durch einmaliges Berühren mit seinen Händen eine Frau von langjährigen, quälenden Kopfschmerzen befreien. Eine junge Dame mit Haut-Allergie in den Innenflächen der Hände war überglücklich, als schon am nächsten

Morgen die häßlichen Blasen verschwunden waren, bei deren Beseitigung ihr kein Arzt vorher helfen konnte.
Bei einem anderen Versuch konzentrierten sich die Zuschauer vor dem Bildschirm auf das Foto der achtzehn Jahre alten Annette aus der DDR, die seit einem Operations-Fehler hinkt und große Schmerzen im Bein hatte. Dazu kamen durch die Krankheit verursachte Depressionen.
Die Fernsehzuschauer waren aufgefordert worden, dem Mädchen ihre positiven Gedanken zu schicken oder – wenn religiös – für sie zu beten.
Wochen später bedankte sich das Mädchen in einem Brief. Sie war zwar von dem TV-Experiment unterrichtet worden, hatte aber den genauen Zeitpunkt nicht erfahren.
Annette fühlte sich besser, Depressionen und Schmerzen waren verschwunden, ihr Selbstbewußtsein gestärkt.
Die amerikanische Ärzte-Zeitschrift »Medical Tribune« hatte von einem Großversuch berichtet, bei dem Fernsehzuschauer aufgefordert worden waren, für etwa 300 Patienten mit dem gleichen Herzfehler zu beten. Eine etwa gleich große Zahl von Patienten mit gleichen Beschwerden verzichtete freiwillig auf den spirituellen Beistand. Ergebnis: Den Kranken, für die gebetet worden war, ging es nach einem Vierteljahr deutlich besser.
Was also ist dran an den von Professor de Pergola vermuteten Energien, die alle Lebewesen besitzen und die wir scheinbar mit der Kraft unserer Gedanken beeinflussen können?
Es gibt bisher keine Lösungsvorschläge für paranormale Rätsel. Doch scheinen alle Menschen durch Gebete, Meditation oder einfach nur positives Denken ein Kraftfeld aufbauen zu können, das auf organisches Leben einwirkt.
Es sprengt den Rahmen dieser Veröffentlichung, die Theorien von Verhaltensforschern oder den Biologen

Rupert Sheldrake zu zitieren, der von einem »morphogenetischen Feld« spricht, einem »Gehirn der Erde«, in dem sämtliche Informationen, Ereignisse und Gefühle aller lebenden, verstorbenen oder der in Zukunft auf der Welt lebenden Geschöpfe gespeichert sind.*
Zum Schluß unseres Gespräches mit Professor Elio de Pergola erwähnt er noch zwei nachhaltige Heilungserfolge von Nicola Cutolo. Patientinnen, die an schmerzhafter Schulterversteifung infolge einer Gelenkentzündung (Periarthritis humeroscapularis) litten und selbst nach Jahren konventioneller Behandlung nur geringe Linderung ihrer Schmerzen erfuhren, konnten durch eine einzige »geistige Behandlung« völlig geheilt werden.
»Ein anderer sehr interessanter Fall betrifft die Ehefrau eines Kollegen hier in Bari«, berichtet Prof. de Pergola. »Seit drei Jahren konnte sie sich nicht mehr bewegen. Sie war an das Bett und an den Rollstuhl gefesselt. Sie wurde unter anderem auch in der neurologischen Universitätsklinik behandelt. Es reichten jedoch nur wenige geistheilerische Sitzungen bei Cutolo, um sie vollkommen gesund zu machen. Sie kann sich bewegen, sie kann gehen, kann alles tun!«

* An dieser Stelle kann interessierten Lesern nur weiterführende Literatur empfohlen werden. (Siehe Bibliographie am Ende dieses Buches.)

Der Fall der Steine

Die alte Kunst der Geomantie

Parapsychologische Untersuchungen an medial begabten Menschen decken in den meisten Fällen eine erstaunliche Vielfalt an paranormalen Fähigkeiten auf. So ist zwar Nicola Cutolo in erster Linie ein Heiler, bietet seine Dienste aber auch an, wenn es gilt, den Aufenthaltsort vermißter Personen zu bestimmen.
Auf seinem Schreibtisch liegen etwa zehn Briefe von verzweifelten Eltern, deren Kinder oft von einer Stunde auf die andere verschwunden sind.
Cutolos Erfolgsquote beim Aufspüren vermißter Menschen ist so groß, daß inzwischen einige italienische Polizeistationen mit ihm zusammenarbeiten.
Wir werden Zeuge einer sogenannten psychometrischen Untersuchung von Schuhen und Pullover des vierzehn Jahre alten Guido Coen, der im März 1986 in seiner Heimatstadt Turin einfach nicht mehr von der Schule nach Hause gekommen ist.
Cutolo faßt die Kleidungsstücke an, streicht über die Wolle des Pullovers, versucht, das Energiefeld des Kindes zu erspüren.
Cutolo ist konzentriert, und seine Augen sind geschlossen.
»Der Junge lebt noch«, sagt er. »Er ist in Gesellschaft von zwei Männern. Ich spüre Kälte. Das kann aber auch die Angst des Kindes sein, die sich auf mich überträgt«, sagt Cutolo.
Dann nimmt er eine italienische Straßenkarte und pendelt zuerst den Raum um Turin aus. Das Pendel schlägt in Richtung Schweiz. Cutolo versucht, eine genauere Ortsbestimmung zu erreichen. Über dem auf der Karte

eingetragenen Genfer See beginnt die Pendelspitze merklich zu zittern.

»Ich habe die Vision von einem Berg, den man das ›Breithorn‹ nennt. Irgend etwas hat dieser Berg mit Guido zu tun«, meint Cutolo.

Bis zur Drucklegung dieses Buches blieb Guido Coen verschwunden. Auch Nachforschungen in der Schweiz haben bisher keinen Erfolg gebracht.

Dabei hat Nicola Cutolo erst im Frühjahr 1986 die achtzehn Jahre alte Tochter eines Bauunternehmers aus Bari nach einer Entführung ausfindig gemacht. Das Versteck der Gangster wurde gestürmt und das Mädchen befreit.

Das Aufspüren vermißter Personen durch sensitiv begabte Menschen ist dem forschenden Parapsychologen nichts Neues. Zu einer wahren Meisterschaft brachte es darin der holländische Hellseher Gérard Croiset, mit dessen Hilfe viele ertrunkene Kinder überall in der Welt gefunden wurden. Exakt beschrieb Croiset dabei geographische Einzelheiten von Landschaften, in denen er nie gewesen war. Auf Landkarten zeichnete er Schnittpunkte auf. Nach diesem Koordinatensystem wurden diese Vermißten dann aufgespürt, ohne daß der Hellseher am Ort des Geschehens sein mußte.

Bei einem Besuch in Japan konfrontierten ihn Reporter einer Fernsehanstalt mit dem Schicksal eines vermißten Kindes. Croiset gab nach einer intensiven Vision den Namen eines unweit von Tokio liegenden Sees an und auch die exakte Uhrzeit, wann die Leiche vom Boden des Gewässers an die Oberfläche treiben würde.

Gespannt verfolgten Millionen Zuschauer in einer Live-Sendung das Experiment, zu dem man Croiset und die Eltern des vermißten Kindes an den See gefahren hatte. Und dann geschah das Sensationelle. Genau zur angegebenen Zeit tauchte der Körper des ertrunkenen Kindes an der Wasseroberfläche auf. Der kleine Junge war offenbar in Pflanzen auf dem Grunde des Sees verstrickt

Der Fall der Steine soll Gegenwart und Zukunft des Besuchers symbolisieren. Nicola Cutolo bei einem Geomantie-Experiment.

gewesen. Eine um diese Zeit einsetzende Unterwasserströmung hatte die Leiche dann offensichtlich befreit.
Auch Gérard Croiset war – ähnlich wie Cutolo – nicht nur ein begabter Hellseher, sondern auch ein erfolgreicher Heiler. Seine außersinnlichen Wahrnehmungen waren allerdings dann am besten, wenn die Situation, mit der er konfrontiert wurde, Parallelen zum eigenen Leben aufwies.
So war er im Alter von acht Jahren von einem Spielkameraden ins Wasser gestoßen worden und beinahe ertrunken. Als Jugendlicher führte eine durchlittene Kinderlähmung zu ersten paranormalen Erlebnissen.

Nicola Cutolo führt seine ASW*-Begabung nicht auf eigenes Leid, sondern vielmehr auf die aufgeschlossene Atmosphäre in seiner Familie zurück. Schon Groß- und Urgroßeltern hatten diese Gabe, meint er. Er betrachte sich als Erbe eines Talents.

Bei Klienten, die einen Blick in die eigene Zukunft werfen wollen, bedient er sich gerne der Möglichkeiten der Geomantie, einer Wahrsagekunst, mit der sich schon römische Legionäre ihre Zeit vertrieben haben sollen.

Wir filmen ein solches Experiment, bei dem die ratsuchende Dame – Signora Rafaella – aus einem vergoldeten Kelch etwa zwanzig Halbedelsteine auf ein Tablett schüttet.

Im Gegensatz zu anderen Wahrsagern, die sich oft nur wenig auf ihre Intuition, dafür um so mehr auf ihr psychologisches Geschick verlassen, führt Cutolo keinen Dialog. Er stellt auch keine rhetorischen Fragen, sondern hält eher einen Monolog, nachdem er sich lange mit der Lage der Steine und ihrer Anordnung zueinander beschäftigt hat.

Cutolo: »In der Vergangenheit hat es einen Kampf gegeben. Hier, dieser Stein deutet darauf hin. Ein Kampf, der mit der Isolation der geliebten Person endete. Sie sind gegenwärtig also allein. Diese Gruppierung der Steine, mit dem Pyrrith in der Mitte, zeigt mir, daß es für Ihre Probleme in naher Zukunft keine Lösung geben wird. Sie haben auf diese Steine drei Wünsche gelegt. Der Wunsch nach Lösung Ihrer Probleme am Arbeitsplatz wird in Erfüllung gehen, Ihr Sohn wird gesund werden, aber Sie werden in nächster Zeit keine neue emotionale Beziehung eingehen!«

Signora Rafaella ist verblüfft. Genau auf diese drei Themen habe sie sich konzentriert, sagt sie.

Cutolo nimmt diese Bestätigung ganz selbstverständlich

* ASW = Außersinnliche Wahrnehmung

entgegen. Dann geht er ins Detail, beschreibt den Arbeitsplatz der Frau, für den sie sich mehr Freiheiten erhofft, mehr Möglichkeiten eigener Gestaltung. Ihr Sohn wird einige berufliche Probleme haben, aber die Schatten seiner Krankheit werden bald ganz verschwunden sein. Nur mit der Liebe müsse sie sich halt noch gedulden, tröstet Cutolo und die Dame ist's zufrieden.
Wir machen eine Drehpause. Der Lärm aus den Straßenschluchten Baris dringt nur gedämpft herauf. Mit Cutolos Einverständnis haben wir an diesem Tag einen Kreiselkompaß gekauft, an dem der Heiler seine unsichtbaren Kräfte demonstrieren möchte. Kaum haben wir das nautische Instrument auf die Tischplatte gelegt, hält Nicola Cutolo seine Hände im Abstand von etwa zwanzig Zentimetern darüber.
Die in einer Flüssigkeit eingeschlossene Windrose beginnt sich zu drehen, erst ganz langsam, dann mehrmals um dreihundertsechzig Grad. Die Mitglieder des Teams staunen, suchen nach einem Trick. Es gibt keinen. Nirgendwo finden wir einen eventuell versteckten Magneten.
Kameramann Adam Musialik stellt seine Apparate ein. Assistent Daniel Lammàr setzt das Licht.
»Kamera läuft, Action bitte«, sagt Adam.
Nicola Cutolo hält die Hände über den Kompaß, der inzwischen wieder genau die Nord-Süd-Richtung anzeigt. Das Instrument reagiert nicht. Beschwörend starrt Cutolo den Kompaß an, bewegt seine Hände, nähert sich dem Instrument bis auf wenige Zentimeter. Nichts.
Im Zimmer wird es unerträglich heiß. Scheinwerfer brennen, und die Nachmittagssonne scheint direkt auf die heruntergelassenen Rolläden.
Nach zehn Minuten brechen wir ab, die Nord-Süd-Richtung im Kreiselkompaß hat sich um keinen Millimeter verändert. Nicola Cutolo möchte eine Pause machen.

Wir trinken Espresso und blättern in den Aktenordnern, in denen der Ruhm des Heilers aus Bari dokumentiert ist: Zeitungsberichte in vielen Sprachen künden vom italienischen Magier.
Wir wollen schon abbauen, da entschließt sich Cutolo, das psychokinetische Experiment noch einmal zu wagen. Aber auch jetzt scheint sich ein Phänomen zu wiederholen, das wir während unserer langjährigen Arbeit an dieser Sendereihe schon häufig beobachtet haben: Paranormale Reaktionen lassen sich nicht provozieren. Die meisten medial begabten Menschen sind nicht in der Lage, ihre Fähigkeiten gewissermaßen »anzuknipsen wie das elektrische Licht«.
Unter Erwartungsstreß läßt sich weder eine Sinfonie komponieren noch eine Ballade schreiben.
Nicola Cutolo gibt nicht auf an diesem Nachmittag. Und tatsächlich: Nach etwa fünf Minuten beginnt sich die Nord-Süd-Achse des Kreisels um Millimeter zu verschieben. Die Bewegung wird stärker, langsam verändert die Kompaß-Anzeige ihre Richtung und bleibt an dieser Position stehen, als Cutolo das Experiment beendet.
Die geheimnisvolle Kraft, von der Professor de Pergola sprach und auf die wohl ein Teil der Heilerfolge Cutolos zurückzuführen ist, war sichtbar geworden. Mit seinen Gedanken hat der Mann aus Bari die nach Norden ausgerichtete Anzeige eines Kompasses um fast hundert Grad verändert...

Botschaften der schwarzen Rose

Malerei aus anderen Dimensionen?

Genua. Seit Menschen existieren, ist für sie diese Stadt eine Pforte zum Meer. Kolumbus wurde hier geboren, Phönizier, Griechen und Sarazenen brachten Weisheit und Reichtum. Genua ist eine offene Stadt, offen für jedes Mysterium vom Zustand der Welt. Jüdische Geheimlehren und römisch-katholischer Glaube werden seit mehr als tausend Jahren nebeneinander und miteinander praktiziert. Genua, dieses Gebilde aus Stein, ist auch eine Metropole der Magie.

Nirgendwo in Italien gibt es eine prächtigere Nekropole als den Campo Santo, den »Cimitero di Staglieno«, einen der berühmtesten Friedhöfe der Welt. Über fast jedes Grab wölbt sich eine Kathedrale en miniature. Marmorne Engelsgestalten deuten auf Bewohner geistiger Dimensionen, die dem Menschen auf seiner Ebene verschlossen scheinen. Nackte Frauengestalten symbolisieren die Erotik des Todes: Alle Lust braucht Ewigkeit. Kinder toben durch die hohen Alleen, Menschen lachen zwischen den Gräbern. Il silencio e la morte, il rumore e la vita. Die Stille ist der Tod, der Lärm ist das Leben.

Unweit von hier wohnt Milly Canavero, die auf mysteriöse Weise den Auftrag erhielt, Botschaften zu malen und Gedichte zu schreiben, für die es nur einen Absender gibt: »die Rose«!

Signora Canavero wohnt im dritten Stock einer großbürgerlichen Villa aus der Gründerzeit. Die Wohnung ist angefüllt mit Erinnerungen aus einem langen Leben. Feine Porzellantassen mit Goldrand stehen in den Nischen, großformatige Schwarz-Weiß-Portraits von den Künstlern der Oper zeugen von kulturellem Inter-

esse. Es gibt Bücher mit Lederrücken und Gemälde im Mahagonirahmen. In der Küche werkelt dezent eine Hausangestellte.
Zu Lebzeiten ihres Mannes hat Milly Canavero sich hin und wieder mit »spiritistischem Schnickschnack« beschäftigt, wie sie sagt. Mit Freundinnen hat sie die Karten gelegt oder das »schreibende Tischchen« bewegt. Nichts Außergewöhnliches, eher der mühevolle Zeitvertreib gelangweilter Damen. Dabei will sie auch einmal in Trance gefallen sein und mit einer Männerstimme gesprochen haben. Am darauffolgenden Abend hätten mehrere Gegenstände, die eigentlich stets auf ihrem Nachttisch drapiert seien, auf dem Bett gelegen. Kein Mensch sei in der Wohnung gewesen. Die Sache war mysteriös, wurde aber bald vergessen.
Dann wurde ihr Mann, ein Arzt, sehr krank. Während seines langen und qualvollen Sterbens will sie über das »schreibende Tischchen« immer wieder Kontakte zu unbekannten Geistwesen gehabt haben. Als schließlich Signore Canavero gestorben war, meldete er sich regelmäßig über Tonband.*
»Vier Jahre haben diese paranormalen Kontakte zu meinem Mann gedauert«, sagt Milly Canavero. »Obwohl er keine Angaben machte, wo er sich denn in der anderen Dimension aufhielt und ob er vielleicht frühere Freunde wiedergetroffen habe, konnte ich aus seinen Antworten entnehmen, daß er als Individuum völlig intakt geblie-

* Die Rede ist hier vom »schreibenden Tischchen« und dem »Tonbandstimmen-Phänomen«, von dem seine Anhänger behaupten, daß damit ein Kontakt zu Toten möglich sei. Beide Praktiken werden ausführlich in dem Knaur-Taschenbuch »Unglaubliche Geschichten« beschrieben.

Milly Canavero aus Genua. Erhält sie Botschaften aus anderen Dimensionen?

ben war. Seine Ansichten vom Leben, seine Art, Sätze zu formulieren, waren gleichgeblieben!«
Nach vier Jahren sei dieser spiritistische Kontakt abgebrochen und Milly Canavero war es nicht gelungen, ihn wieder aufzunehmen.
Statt ihres toten Mannes hörte Milly Canavero fortan den Namen eines Genies: Michelangelo.
»Ich kann natürlich nicht sagen, ob es wirklich dieser großartige Künstler aus der Renaissance gewesen ist, der sich da gemeldet hat. Doch die vielen medialen Durchgaben wiesen immer wieder auf das Leben und das Werk dieses Menschen hin«, erzählt Milly. Eines Tages hörte sie deutlich auch den Namen einer Frau: Vittoria Colonna.
Milly Canavero hatte sich wenig mit Malerei und Bildhauerei beschäftigt und auch noch niemals das Deckengemälde in der Sixtinischen Kapelle gesehen.
»Doch seit der Zeit meiner ersten spirituellen Begegnung mit dem Geist Michelangelos fühlte ich mich unwiderstehlich nach Rom und Florenz gezogen. Stundenlang stand ich vor diesen Kunstwerken. Oft mußte ich weinen vor Ergriffenheit, als ich diese makellosen Statuen sah: den David, die Maria mit dem Kind. Und dann natürlich diese wundervolle Pietá in der Peterskirche. Der sterbende Christus in den Armen seiner wunderschönen Mutter!«
In diesen Tagen und Nächten hatte Milly Canavero immer wieder Visionen vom Leben dieses Michelangelo Buonarroti, der ständig zwischen Schwermut und Glückseligkeit, Selbstzweifeln und Erfolgen hin- und hergerissen war.
»Ein Dämon hat ihn getrieben«, sagt Milly voller Mitgefühl. »Viele seiner Kunstwerke blieben unvollendet, weil ihm oft Ruhe und Beständigkeit fehlte!«
Milly lebte in dieser Zeit ganz in der Faszination eines anderen, längst verklungenen Lebens: Michelangelo

hatte von ihr Besitz ergriffen und war zur zweiten Haut geworden. Bis heute hat sie keinen Artikel über ihn gelesen, nicht einmal einen Blick in die vielen Biographien geworfen. Und doch ist sie mit den Stationen seines Lebens so vertraut, als kämen sie aus einer eigenen fernen Erinnerung.

Michelangelo war nicht nur ein großartiger Maler und ein Mann, der aus einem Marmorblock heraus Menschen von unerhört scheinender Beweglichkeit schuf, sondern in späteren Jahren auch ein leidenschaftlich bewegter Dichter. Seine Sonette galten einer Frau, die er auf ergreifende Weise geliebt haben muß: Vittoria Colonna.

»In meinen Träumen habe ich beide Namen gehört. Wie Trommelschläge, so intensiv. Auch auf meinen Tonbändern war immer wieder von Michelangelo und Vittoria die Rede!«

Dann kam der Tag, an dem auch Milly Canavero begann, zu zeichnen.

»Ich saß in meinem Wohnzimmer, schaute aus dem Fenster und spürte den Drang, den Baum zu malen in all seiner Pracht. Es war Frühling, aber ich wollte den grünen Baum mit einem schwarzen Filzstift zeichnen. Ich habe nie Unterricht gehabt und bin ein ausgesprochener Dilettant. Den Zeichenblock hatte ich auf dem Tisch liegen, den Stift leicht in der Hand. Plötzlich begann ich zu zeichnen. Wie von selbst bewegte sich meine Hand über das Papier. Alles geschah irgendwie automatisch. Und es war auch nicht der Baum, der sich da formte, es waren Kreise, die ineinander verflochten waren, eine schier endlose Spirale, durch die sich gerade Linien zogen.«

Milly Canavero sieht man nach Jahren noch an, wie fasziniert sie damals von diesem Anfang gewesen ist.

»Etwas hat aus mir heraus gemalt. Und dann setzte dieses ›Etwas‹ auch noch ein Signum in die linke untere

Die während der Trance-Sitzung vor der Kamera entstandene Stift-Zeichnung. Die Spiralen sind – ähnlich wie konzentrische Kreise – in vielen Kulturen das Symbol für Ewigkeit und Wiedergeburt.
Die Pfeile bedeuten die Entwicklung jeglichen Seins in höhere Ebenen. Links im Bild erkennt man rätselhafte Schriftzeichen und ganz unten links das Signum der unbekannten Auftraggeber: die Rose.

Ecke des Papiers: eine kleine, schwarze Rose«, erzählt Milly.
Inzwischen sind über tausend solcher Bilder entstanden, die trotz ihrer exakten Geometrie unterschiedlich ausfallen. Milly Canavero: »Diese Zeichnungen haben eine Entwicklung durchgemacht. Am Anfang waren die Motive sehr einfach, inzwischen sind sie äußerst kompliziert. Kreise schließen sich, gehen ineinander über. Aber jeder Strich, jede Linienführung hat eine bestimmte Bedeutung. Ich mußte verstehen lernen, was das Zeichen der Blume bedeutet. Die Rose ist das Leben, die Kontinuierlichkeit. Die Spirale, so hat man mich gelehrt, steht für die Evolution des Menschen. Oft durchzieht diese Spiralen auch ein nach oben gerichteter Pfeil. Er ist das Symbol für die Ausrichtung all unserer Bemühungen auf ein Höheres hin!«
Die italienische Parapsychologin Dr. Paola Giovetti hat sich ausführlich mit der Person Milly Canavero und mit ihren Arbeiten beschäftigt. Die Zeichnungen wurden auch von einem Architekten untersucht, der behauptete, daß man normalerweise alle diese Linien und Spiralen mit freier Hand nicht ausführen könne.
Oftmals entstehen unter den geometrischen Figuren auch merkwürdige Zeichen, die an prähistorische Schriften erinnern. Paola Giovetti hat daraufhin auf dem Kongreß »Imago Mundi« in Innsbruck nach einem Fachmann gesucht, der diese Symbole entziffern könne. Tatsächlich glaubte ein Archäologe, mykenische Schriftzeichen erkannt zu haben, die unter anderem folgende Bedeutung haben:
»Die gute Mutter Gottes«
»Wir zählen die Schafe des Meisters«
»ER, der im Lichte geboren wurde«
»Melodie«
»Zweifel«
»Der Unbesiegbare«

Milly Canavero zeigt Rainer Holbe und Elmar Gruber ihre in Trance entstandene Zeichnung.

»Mit den Augen gesehen werden«

Diese Schriftzeichen sind auch von dem Rechtsanwalt Cotti aus Modena untersucht worden, ein Experte für Frühgeschichte. Er stellte fest, daß die Symbole der Zeichnungen, speziell die Spirale, im gesamten indogermanischen Raum, aber auch im präkolumbianischen Amerika zu finden sind.

»Die Symbole des Kreuzes und der Swastika (Hakenkreuz) sind universelle Symbole, die es bereits viele tausend Jahre vor Christus gegeben hat«, berichtet Milly Canavero.

»Diese Symbole stehen für die Ewigkeit. Zwei gekreuzte Holzstücke stehen für das Feuer, das man mit ihnen entzünden konnte. Feuer ist heilig.«

Ein kleines, unscheinbares Symbol taucht auf den Zeichnungen regelmäßig und in verschiedenen Größen auf. Experten deuten es als »ka«, als das Symbol Gottes in vielen Kulturen.

»Gleichzeitig steht es für die Vitalkraft, die Seele«, erläutert Milly. »Das Zeichen ›ka‹ war schon den alten Ägyptern bekannt. Das Zeichen, das eine Neun darstellt, wird ›ra‹ gelesen und bedeutet ›Lichtstrahl‹. Bei den Ägyptern gab es den Gott ›Ra‹, der ein Sonnengott war. Und dann gibt es noch ein drittes Zeichen, das jemand mit meiner Hand regelmäßig auf das Papier malt und das aussieht wie zwei Noten mit einem Strich dazwischen. Es steht für die Silbe ›fa‹ und bedeutet soviel wie ›Erzählung‹ oder ›Wort Gottes‹. Diese drei Symbole sind daher die Formen eines höheren Ausdrucks!«

Inzwischen demonstriert Milly Canavero ihre mediale Mal-Begabung auch mit Farben. Meistens fertigt sie diese Bilder mit den Fingern an, selten mit dem Pinsel. Blumenähnliche Gebilde entstehen, helle Strukturen, die abstrakt ineinanderfließen.

»Bekommen Sie auch Botschaften über die Bedeutung dieser Bilder?« wollen wir wissen.

»Ja, es sind alles Astralfiguren!«

»Auch wenn Sie zum Beispiel Blumen malen, gibt es Erklärungen?«

»Ja, diese Beschreibungen empfange ich intuitiv. Ich schreibe sie dann schnell auf, damit ich nichts vergesse«, sagt sie und deutet auf ein besonders farbenprächtiges Motiv.

»Dies hier bedeutet ›Geborenwerden, kosmische Kraft, Wachstum, universelle Kraft, Sterben, transzendente

Kraft! Auch diese Bilder sind von ›der Rose‹ signiert. Die Blume führt uns zur Meditation: sie ist Leben und Tod in einem. Denn eigentlich gibt es kein Leben und keinen Tod. Alles ist ewig«, sagt Milly.

Diktat aus einer anderen Welt

Von der Würde und der Bestimmung des Menschen

Es scheint, als ob Milly Canavero eine Entwicklung durchmacht, die der vieler sogenannter Medien in der ganzen Welt gleicht. Es beginnt meist mit einem Erlebnis, fernab alltäglicher Realität und setzt sich fort mit dem Erkennen eigener paranormaler Fähigkeiten. Diese persönliche Evolution scheint jedem Menschen zugetan zu sein, ist aber wohl so individuell, daß jeder seinen eigenen geistigen Weg geht.

»Fünf Milliarden Menschen leben zur Zeit auf diesem Planeten und jeder davon scheint ein eigener, in seinen Träumen, Gedanken und Empfindungen verkapselter Kosmos zu sein«, sagt Milly Canavero.

»Meine Gesprächspartner in den anderen Dimensionen sagen mir, daß keine irdische Persönlichkeit in der Lage ist, sein ›Ich‹ einem anderen mitzuteilen«, erklärt Milly. Aus einem unerklärlichen Zwang zeichnet sie nicht nur die klaren, geometrischen Linien und Spiralen, malt sie nicht nur farbige Jenseits-Welten, sondern beschreibt seit einigen Monaten auch Hunderte von Seiten weißen Papiers.

»Oft wache ich in der Nacht auf, greife mir meinen Block und beginne, noch in der Dunkelheit zu schreiben. Es sind Diktate aus anderen Dimensionen unseres Seins, die ich so erhalte«, beschreibt sie diesen Vorgang, den Parapsychologen als »automatisches Schreiben« kennen.

»Am Tag übertrage ich dann die Kritzeleien der Nacht mit Schreibmaschine auf Manuskriptpapier und bin überrascht, daß ich alles noch lesen kann, was ich ohne Licht geschrieben habe«, sagt sie.

Experten neigen dazu, diese Vorgänge einem Automatismus des eigenen Unterbewußtseins zuzuschreiben. Die so enthaltenen Berichte stammen damit aus den tiefen, unerforschten Teilen der eigenen Seele.
»Egal, woher sie kommen«, sagt Milly. »Es sind Inhalte von enormer Wichtigkeit!«
Mehrere Aktenordner sind mit diesen Diktaten bereits gefüllt. Es sind Botschaften über die Würde des Menschen, seine geistige Entwicklung und seine Bestimmung auf der Erde. Oft geht es um physikalische Begriffe wie Zeit und Raum. Einsteins Relativitätstheorie wird ebenso angesprochen wie die Unsterblichkeit der Seele und der Sitz des Geistes.
»Vor ein paar Jahren noch hatte ich für Malerei und Poesie überhaupt nichts übrig. Ich interessierte mich für Musik, ging in die Oper und war auch mit vielen Sängern befreundet«, erzählt Milly Canavero. »Deshalb war ich sehr überrascht, als ich plötzlich begann, Gedichte zu schreiben. Ich setzte mich einfach hin und schrieb. Ich mußte gar nicht lange nachdenken«.
Die Motive der Verse sind ähnlich poetisch wie die Sujets der Bilder. Es geht um die Herrlichkeit des Sternenhimmels, um die farbige Macht des Frühlings oder die Schönheit des Regenbogens.

L'Arcobaleno
L'arcobaleno è davati
au tuoi occhi estatici
Sciorina i suoi colori
e tu inebriati di essi
Tuffati nel blu.

Elmar Gruber hat das Gedicht ins Deutsche übertragen:

Der Regenbogen
Der Regenbogen ist vor deinen ekstatischen Augen,

verstrahlt seine Farben,
und du, betrinke dich an ihnen,
tauch unter im Blau,
ergreife das Orange,
schlaf ein im Rosa,
und wie eine weiße Gardenie
umgib dich mit Grün.
Und in der Fülle der Farben
betrinke dich mit allem.
Denn du bist der Regenbogen,
und wie dieser unberührbar
lebst du im Unermeßlichen.

Inzwischen gibt es ein in Italien oft verkauftes Buch über das Wirken der Milly Canavero: »I Messaggi del Fiore«, »Die Botschaften der Blume«.

Ansonsten weigert sich die Genueserin, sich und ihre Arbeiten vermarkten zu lassen. Ihre Zeichnungen und Gemälde sind unverkäuflich. Die »Botschaften aus anderen Dimensionen« möchte sie demnächst verbreiten lassen, weil sie ihnen einen hohen ethischen Wert zuschreibt, der mit verschiedenen religiösen Texten aus der ganzen Welt vergleichbar, aber überkonfessionell angesiedelt ist.

Milly Canaveros Begabungen ähneln denen der Amerikanerin Jane Roberts, die in Saratoga Springs Erzählungen und Lyrik veröffentlichte.

Schon bald entdeckte sie ihre Fähigkeiten der außersinnlichen Wahrnehmung, und aus ihren neuen psychischen Wahrnehmungen heraus entstand der Zyklus jener »Seth«-Bücher, die von Freunden esoterischer Literatur hoch geschätzt sind.

In Trance hielt sie, so ihre Version, über Jahre hinweg Kontakt zu einer hochentwickelten Wesenheit aus anderen Bewußtseinssphären außerhalb von Raum und Zeit.

Jane Roberts nannte ihren Gesprächspartner »Seth« und erhielt von ihm Informationen über den Zustand der Welt, das Schicksal der Menschen, über Wahrscheinlichkeiten, Traumlandschaften und Energiekonzentrationen. Aber auch Hinweise auf die eigene Lebensgestaltung fehlten nicht in diesen mysteriösen Diktaten. Jane Roberts Ehemann Robert F. Butts hat die in einem veränderten Bewußtseinszustand empfangenen Botschaften aufgeschrieben und mit Anmerkungen versehen.
Ähnlich wie in Milly Canaveros Nachrichten von »der Rose«, sagt auch »Seth«, daß der Mensch der Meister seines Schicksals sei und im Universum von größerer Bedeutung, als er selbst anzunehmen bereit ist.
»Ihr gestaltet selbst eure Realität und die eurer Erfahrungswelt. Ihr erschafft sie aufgrund eurer zu Glaubenssätzen erhärteten Überzeugungen. Ihr verfügt über eine immense schöpferische Energie, und eurem inneren Selbst sind keine Schranken gesetzt – außer jene, an die ihr glaubt«, sagt »Seth«.
Was oder wer auch immer »Seth« sein mag oder »die Rose«, vieles deutet darauf hin, daß gerade sensible Menschen an »etwas« angeschlossen sind, das weit über sie hinausgeht.
Was ist Phantasie, was ist Kreativität? Jede Art von Kunst ist sicher medial inspiriert. Dies liegt auch schon im Wort »Inspiration«, was so viel heißt wie »mit Geist erfüllt werden«. Goethe hat gefragt: Was schreibt aus mir? Und Mozart betrachtete sich als Werkzeug einer übergeordneten, transzendentalen Existenz. Auch hier taucht Sheldrakes Hypothese von den morphogenetischen Feldern auf, eine Art globales Gehirn, mit dem wir – je nach Sensibilität – mehr oder weniger stark verbunden sind. In den Religionen des indischen Subkontinents kennt man das Sanskrit-Wort »Akasha«, das mit »Raum-Äther« übersetzt werden kann und eine feinstoffliche Substanz ist, die das gesamte All erfüllen soll.

Demnach ist die »Akasha-Chronik« ein Weltgedächtnis, eine Chronik, in der »Hellsichtige«, also medial veranlagte Menschen, lesen können.
Wichtiger als Herkunft oder Urheber scheint es zu sein, daß es Kundgebungen verschiedenster Art gibt, die weit über das Tagesbewußtsein hinausgehen und mit denen wir uns beschäftigen müssen, wenn wir das intelligente Universum begreifen wollen.

Monster vom Beginn der Welt

Vom Schiffsbauer zum venezianischen Maler

Venedig, Stadt aus dem Meer. Der Tag ist nicht mehr fern, da alle diese Paläste, Kirchen und Villen dem Meer zurückgegeben werden müssen. Leben und Tod, beides symbolisiert sich hier auf grandiose Weise.
Kein Wunder, daß die Venezianer ebenso heiter wie melancholisch, ebenso offen wie grüblerisch sind. Am kleinen Kanal Donoduro Nummer 3463 lebt der Maler Narciso Bresanello, der im Jahre 1915 in dem schon damals verwitterten und vom Wasser bedrohten Haus geboren wurde. Narciso hat das alte Handwerk des Schiffsbauers gelernt und seine Heimatstadt nie verlassen.
»Vor neun Jahren hat sich mein Filzstift plötzlich selbständig gemacht«, erzählt er. »Ich konnte zusehen, wie er begann, zu tanzen. Hunderte von Punkten entstanden, die so dicht beieinander lagen, daß sich merkwürdige Formen daraus ergaben. Ich war nicht mehr Herr meiner rechten Hand. Sie war das Werkzeug eines Fremden. Nach kurzer Zeit schauten mich merkwürdige Gesichter an von Wesen, die ich noch nie im Leben gesehen hatte. Fischköpfige Ungeheuer formten sich auf dem Papier, aber auch Menschen mit Tierköpfen. Ich war total begeistert von dem Film, der da vor mir abrollte!«
Seitdem malt Narciso seine Bilder in diesem winzigen Atelier in einem Teil des alten Venedig, in den sich kaum mal ein Fremder verirrt.
Wenn im Frühling und im Herbst das Hochwasser vom Meer in die Kanäle dringt, muß Narciso das Zimmer ausräumen und seine Bilder in höher gelegene Teile der

Stadt bringen. Das Wasser steht dann einen halben Meter hoch.
Narciso Bresanello ist ein Besessener. Manchmal entstehen drei oder vier großformatige Bilder am Tag: Heilige, Madonnen, riesige Fische und furchterregende Dämonen. Alle sind zusammengesetzt aus Tausenden von farbigen Punkten.
Seit einem Jahr skizziert Bresanello nach gedruckten Vorlagen, von denen er sich inspirieren läßt. Er malt nach den Texten von Prospekten und Versandhauskatalogen, die in deutscher, englischer oder französischer Sprache gedruckt sind. »Ich weiß nicht, was die Worte bedeuten. Ich spreche sie nach und bewege das Wort auf meinen Lippen. Ich kaue dieses Wort wie eine Wurzel. Und dabei entstehen dann diese Bilder«, erklärt er.
»Alle Menschen, die an meinem Fenster vorbeikommen, bleiben stehen, beobachten, kommen herein und wenn sie einmal hier drin sind, gehen sie nicht mehr fort, weil ihnen meine Arbeiten gefallen. Ich zeichne Tag und Nacht, weil ich gespannt bin auf das, was auf dem Papier erscheint!«
»Heißt das, daß Sie am Anfang eines Bildes nicht wissen, wie es sich entwickeln wird? Haben Sie ein Konzept?«
»Nein, ich beginne zu malen. Genauer gesagt, *es* beginnt zu malen. Ich weiß nicht, wer mir die Hand führt!«
Während wir unsere Kamera auf seinen Tisch richten, beginnt er zu malen. In der Hand hält er ein Geschichtsbuch.
»Wenn ich dieses Buch nehme, dann entstehen Wesen vom Anbeginn der Welt. Dies sind Fische aus der Zeit, als die Erde geboren wurde. Sie haben zwei Köpfe. Es sind Männchen und Weibchen!«
»Warum zwei Köpfe?«
»Nun, zu Beginn der Welt war das so. Alles war vereint. Die Nacht und der Tag, das Weibliche und das Männliche!«

Narciso Bresanello in seinem Atelier in Venedig. Der ehemalige Schiffsbauer malt aus innerem Zwang.

Auf einem großformatigen Bild entsteht ein Fisch, in dessen Leib sich brennende Häuser befinden.
Bresanello erklärt: »Das sind die Häuser von Burano im Bauch eines Seemonsters. Wir alle sind irgendwie im Bauch eines Dämonen, sind umgeben vom Bösen!«
Wir deuten auf die Flammen, die aus den Häusern lodern.
»Die Flammen sind die Gebete, die guten Gedanken, die das Böse verzehren können«, sagt Narciso. »Es ist also auch ein Bild, das mich beschützt!«

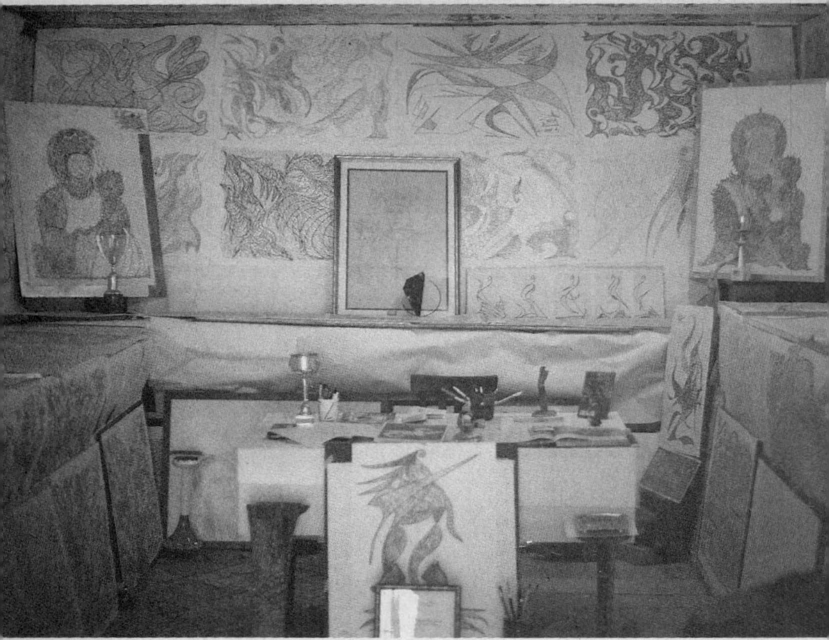

Das einfache Atelier ist auch Ausstellungsraum. Im Frühjahr und Herbst müssen die Bilder vor dem Hochwasser in Sicherheit gebracht werden.

Ein Bild zeigt einen großformatigen Heiligen in zarten Blau- und Rot-Tönen.

»Es ist ein alter Heiliger, den ich malen mußte, als ich ein Gebet las. Es ist seine Art, mir dabei zu erscheinen. Dabei ist es völlig gleich, ob es der heilige Franziskus ist oder der heilige Markus. Er kommt auf dieses Papier, um mir zu zeigen, daß auch das Gute in der Welt ist!«

Die Madonna mit dem Kind ist aus Tausenden von farbigen Punkten zusammengesetzt.

Narcisos Kunst ist einzigartig, denn er hat keine Vorbilder. Niemand aus der sichtbaren Welt seiner Stadt hat ihm das Malen beigebracht, und die grandiosen Werke in den zahlreichen Museen und Palästen Venedigs hat er noch nie gesehen.
»Ich male auch in meinen Träumen und manchmal entstehen meine Träume auf diesem Papier, und ich erschrecke und sage mir: Dies hast du doch alles schon einmal erlebt«, berichtet er.
Die Texte, die er beim Malen liest und oft überhaupt nicht versteht, sind augenscheinlich der Träger seiner Inspiration. Oft singt er leise vor sich hin oder sagt ein Gebet auf.
In diesem tranceähnlichen Zustand öffnet sich die Tür zum Unbewußten.
Narciso Bresanello ist katholisch und doch weicht seine gemalte Schöpfungsgeschichte von der biblischen Chronik ab.
Woher kommen seine spirituellen Informationen vom Anbeginn der Welt? Ist es eine Schöpfungsgeschichte, die nur er – Narciso Bresanello – für sich allein erlebt und die nur für ihn allein Gültigkeit hat?
Kein Mensch kann uns sagen, woher das kommt. Sicher nicht aus einem kranken Hirn, obwohl die Strukturen seiner Bilder denen von Geisteskranken ähnlich sind.
Ein venezianischer Rechtsanwalt hat Narciso über die spirituelle Herkunft seiner Bilder aufgeklärt. »Art brut« – die rohe Kunst – hat er diese Form genannt.
Ist jeder Mensch in der Lage, medial zu malen? Betrachtet man sich die Kritzeleien, die wir auf dem Notizblock während des Telefonierens machen, dann sind dies zweifelsohne automatisch entstandene Zeichnungen aus unserem Unbewußten. Es lohnt sich, unsere eigenen »Werke« daraufhin einmal näher zu betrachten.
Zwei Formen medialer Malerei sind zu unterscheiden: Die Bilder, die ein Medium in einer Weise malt, die dem

Bilder vom Anbeginn der Welt? Narcisos Kunst ist der von Geisteskranken vergleichbar.

Werk eines Künstlers zu seinen Lebzeiten nachempfunden ist, und eine Kunstform, die sich auf nichts begründet und die keine geistigen Väter hat. Hier ist der Ursprung wohl in den tiefsten Schichten unseres Bewußtseins zu suchen, das anderen Dimensionen anzugehören scheint.
Für Malerei der ersten Kategorie gibt es verschiedene Beispiele. Den wohl spektakulärsten Fall konnten wir den Zuschauern von RTL PLUS in Gestalt des Brasilianers Louis Gasparetto präsentieren, eines fünfunddrei-

ßig Jahre alten Psychologen, der von sich sagt, daß Picasso, Modigliani und van Gogh »aus ihm malen«.
Obwohl er keine künstlerische Ausbildung hat, weisen seine in Trance gemalten Bilder eine verblüffende Ähnlichkeit mit den Werken jener Meister auf, von denen er behauptet, daß sie sich seiner bedienen, um ihre im »Jenseits« gemachten Erfahrungen mitzuteilen.
Louis Gasparetto malt jedes dieser Bilder in weniger als vier Minuten und bei völliger Dunkelheit.
Gasparetto: »Sie kommen zu mir, sie malen, und jeder signiert durch meine Hand. Ich bin in Kontakt mit vielen Wesenheiten. Ich sehe Toulouse-Lautrec, ich rede mit van Gogh und spüre Picasso. Es sind meine Freunde. Sie möchten nur zeigen, daß sie weiterleben und daß sie sich ihre Persönlichkeit bewahrt haben, daß Leben ewig ist. Spiritismus ist eine Lehre, die unsere Art, über das Leben zu denken, revolutionieren möchte!«
Wenn man so will, ist das die Botschaft aller medial veranlagten Menschen, denen wir auf unserer italienischen Reise begegnet sind. Ob Umberto aus Rom, Nicola aus Bari, Milly aus Genua oder Narciso aus Venedig. Ihre Erfahrungen weisen auf Bewußtseinsdimensionen, die wir uns für unsere Zeit erst wieder erschließen müssen: Alles im Kosmos ist eine Einheit und jeder noch so winzige Teil des Universums ist mit den anderen Teilen verbunden. Alles fließt und alles deutet auf ein maßloses Rätsel in uns.

Im Kloster des Schreckens

Bei Marcello Creti in Sutri

Unweit von Rom, im alten Latium, liegt die kleine Stadt Sutri. Graue Häuser gruppieren sich um die Piazza, auf die an warmen Sommerabenden die Leute ihre Tische und Stühle gestellt haben. Das Familienleben findet im Freien statt. Zwischen der Stadt und dem Kloster auf dem benachbarten Hügel liegt eine Talsenke. Sie markiert gewissermaßen die Grenze zwischen der bürgerlichen Welt der Kleinstadt und der Düsternis eines Klosters, das von gewaltigen Mauern umschlossen ist.

Dies war wohl nie ein heiliger Ort. Zweihundert Jahre lang fällten im großen Saal die Richter der Inquisition ihre Urteile über sogenannte Ketzer und Hexen, die sich der kirchlichen Obrigkeit hatten entziehen wollen. Willkürlich wurden Menschen in den unterirdischen Zellen gefoltert, verbrannt oder lebendig eingemauert.

Es ist, als ob die Schreie der Gequälten auch heute noch hörbar, ihre Angst auch heute noch fühlbar ist. Die Atmosphäre ist bedrückend und wir lehnen dankend ab, als Marcello Creti, unser Gastgeber, uns Quartiere für die Nacht anbietet.

Unser Unbehagen rührt sicher nicht von den heutigen Bewohnern des Klosters, die uns freundlich empfangen und bewirten. Gänse, Enten und Hasen geben dem Anwesen das Flair einer ländlichen Idylle.

Über dem Gebäude leuchtet unübersehbar das Doppel-Kreuz der »ergonianischen Kulturorganisation«, deren Präsident Marcello Creti ist.

»Wir leben in einer Welt der Polaritäten«, erklärt er. »Und deshalb symbolisiert das doppelte Kreuz das weibliche und das männliche Prinzip, die Nacht und den Tag,

das Ja und das Nein, Ebbe und Flut, Leben und Tod. Die Reihe ließe sich beliebig fortsetzen!«
Marcello Creti, ein Mann in den Fünfzigern, ist eine außergewöhnliche Erscheinung. Lange, schwarze Haare umsäumen ein asketisches Gesicht. Seine dunklen Augen fixieren den Besucher, seine Stimme ist leise und seine Gesten behutsam. Er trägt Sandalen und eine abgewetzte Cordhose. Der schwarze Bart gibt ihm die Aura des Geheimnisvollen. Irgendwie scheint er aus einem anderen Jahrhundert übriggeblieben zu sein. Creti ist jedoch alles andere als ein weltfremder Spinner.
Die italienische Parapsychologin Dr. Anna Maria Turi sagt über ihn: »Er ist ein interessanter Mann. Sicherlich nicht einer, der der sogenannten Massenkultur zuzurechnen ist. Man muß ihm mit viel Einfühlungsvermögen begegnen, denn er ist scheu und introvertiert!«
Für das Team von RTL PLUS öffnet er zum ersten Mal die Tore des Klosters auch für die Öffentlichkeit. Elmar Gruber ist ihm Jahre zuvor auf verschiedenen Kongressen begegnet und das so entstandene Vertrauen zahlt sich jetzt aus.
Um es gleich vorwegzunehmen: Creti ist ein wohlhabender Mann. Schon in seiner Jugend hat er eine Reihe von Erfindungen gemacht, für deren Patente noch heute Tantiemen abgerechnet werden.
Phänomenal ist seine Begabung, in vielen Gegenden unseres Planeten wertvolle Mineralien zu entdecken und zu bergen.
So ist Creti jahrelang mit einer kleinen Gruppe von Anhängern in einem umgebauten Autobus, der zugleich Labor und Schlafstätte ist, durch Wüsten, Steppen und

Die große Versammlungshalle des Klosters. Deutlich sichtbar das Doppelkreuz der »ergonianischen Kulturorganisation«, die Creti gegründet hat.

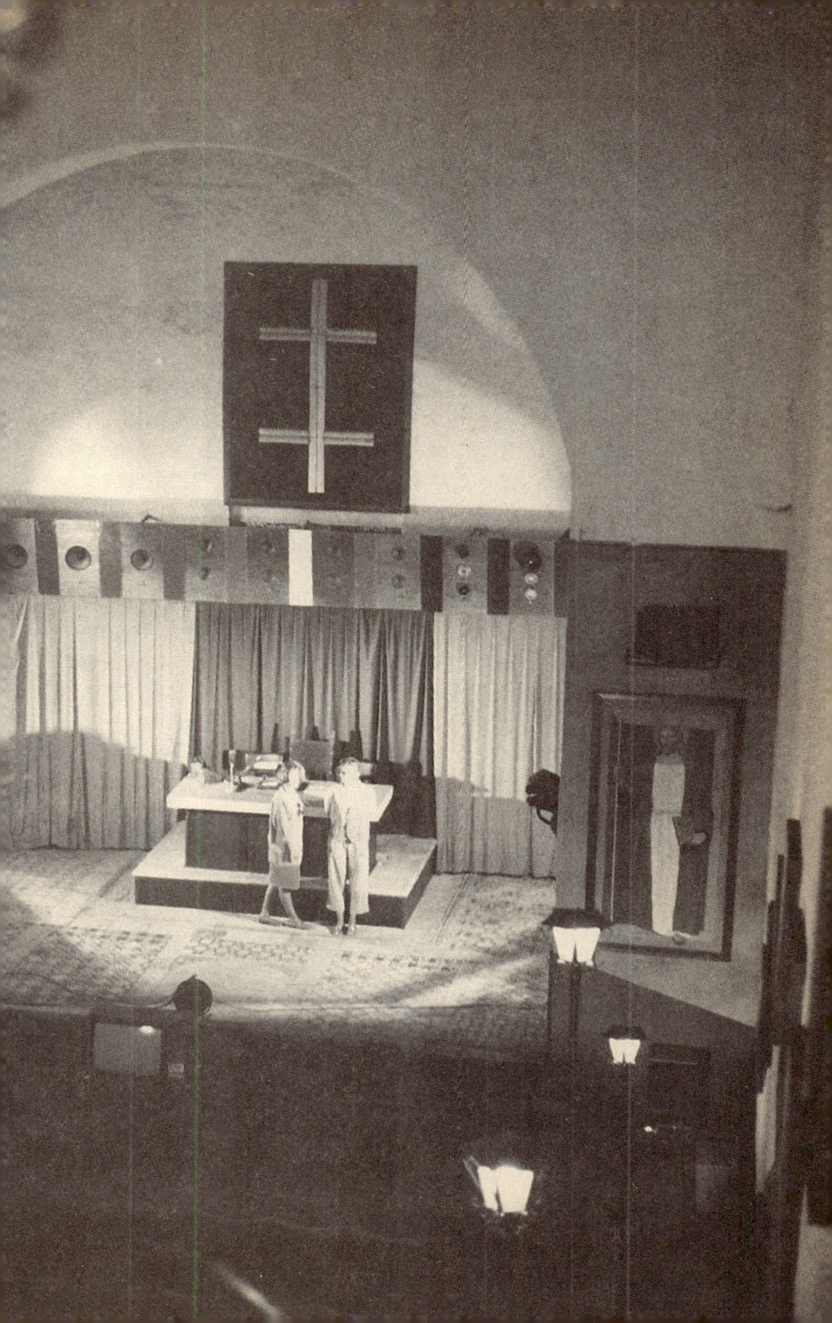

Felsregionen gefahren, um nach deren Schätzen zu suchen.
»Ich habe mir gedacht, daß man – so wie man mit Wünschelruten Wasser aufspüren kann – auch Eisen, Zinn, Kupfer oder Kristalle erfühlen müßte«, erklärt Creti.
»Ich nahm also ein Objekt aus einem bestimmten Material in die Hand und lief über ein Gebiet, wo man das Vorhandensein dieses Stoffes nicht unbedingt vermuten konnte. Wenn ich Quecksilber in der Hand habe und über eine Stelle laufe, wo Quecksilber vorhanden ist, spüre ich einen Unterschied in der Wahrnehmung. Wenn man von der Zone, in der sich ein Mineral befindet, in eine andere Zone geht, kann man mit etwas Geduld jene Punkte fixieren, auf denen sich wesentliche Mineralienvorkommen befinden müssen. Ich habe die Stelle bezeichnet, meine Freunde haben gegraben und dann auch tatsächlich die Mineralien gefunden!«
Cretis paranormale Entdeckungsreisen wurden Anfang der sechziger Jahre von Mitgliedern des »Geographischen Institutes der römischen Universität« begleitet. Dabei drückte man Creti einmal ein kleines Stück kristallisierten Zinnobers in die Hand. »Es war sehr kostbar und man hatte Jahre gebraucht, es zu bekommen, weil es so schwer zu finden ist«, erinnert er sich.
Creti: »Noch am gleichen Tag haben wir 270 Kilogramm metallisches Zinnober gefunden. Ich ging über das Feld, bezeichnete die Stelle und wir gruben es aus. Die Wissenschaftler waren vollkommen perplex. Sie wollten nicht glauben, daß wir das Mineral dort gefunden hatten.«
Zum Beweis seiner Aussagen bittet uns Creti in die unterirdischen Katakomben des Klosters. Schwere Eisenriegel werden geöffnet, dann geht es über siebzig teils verfallene Stufen ins Innere der Erde. Es riecht modrig, von den bemoosten Steinen laufen schmale Rinnsale.

Er studierte die Lehren Buddhas: Creti (links) im Gespräch mit Elmar Gruber.

Der Weg wird von schwachen Glühbirnen erleuchtet, die alle zehn Meter in einfache Fassungen geschraubt sind. Etwa fünfundzwanzig winzige Zellen sind aus dem Mittelalter noch übrig geblieben. Manche haben ein Loch in der Decke, durch das man die verurteilten Inquisitionsopfer aus der großen Halle einfach hinunterwarf. Creti hat alle Türen zu den engen Kerkern zumauern lassen, nachdem er seine Schätze auf modrigem Fels drapierte.
Durch schmale Sehschlitze werfen wir einen Blick auf

Saphire, Diamanten und Rubine. Aquamarine schimmern blau, Amethyste violett und Smaragde dunkelgrün. Der Bergkristall erkennen wir an seiner farblosen, wäßrigen Struktur.
Die Steine sind nur roh bearbeitet, viele noch eingebettet in den sie umgebenden Fels. Als Kameramann Musialik die Handlampe einschaltet, glitzert es wie in einem Hollywood-Film.
Marcello Creti hat diese Schätze zusammengetragen, um seine paranormalen Fähigkeiten zu überprüfen. Kein Stück soll verkauft werden.
»Eines Tages werde ich die Steine der Erde zurückgeben«, sagt er. Bis dahin dürfen nur wenige Menschen einen Blick auf diese unterirdische, funkelnde Pracht werfen.
In einer der Zellen liegt auch das Skelett eines Menschen. »Überreste eines Etrusker-Fürsten, den ich hier in der Nähe von Sutri gefunden habe«, erklärt Creti.
»Es sind lediglich ein paar Knochen. Seine Persönlichkeit ist längst in einer anderen Struktur.«
In der Mittagspause bittet uns Creti ins Refektorium des Klosters. Wir setzen uns an eine U-förmige Tafel; die Männer an die Außen-, die Frauen an die Innenseite. Ein fast biblisches Bild: die Gemeinde hat sich um den Patriarchen versammelt. Da ist der schweigsame, untergebene Majordomus, eine Art Haushofmeister, der mit seiner Mutter schon jahrelang zur Gruppe um Creti gehört. Da sind junge Männer und Frauen in Jeans und Pullovern, die von den Feldern kommen, wo sie gerade einen Teich anlegen oder nach alten etruskischen Siedlungen graben.
Creti bricht das Brot, offeriert Wasser und Wein. Spaghetti werden aufgetragen mit einer wunderbaren Tomatensauce. Gebratene Kartoffeln, Kastanien und allerlei Gemüse sind in der Mitte der Halle zur Selbstbedienung ausgestellt.

Creti: »Wir halten es mit dem Propheten Mohammed, der einmal gesagt hat, daß wir ein Tier nur dann essen dürfen, wenn wir es nicht selbst getötet haben, wenn es nicht andere getötet haben oder wenn es nicht eines natürlichen Todes gestorben ist. Also nie!«

Nach dem Essen ist Siesta. Ruhe kehrt ein. Später treffen wir uns in dem kleinen Garten vor dem Haus. Kaffee wird gereicht, die Stimmung ist entspannt.

Creti zeigt uns die große Versammlungshalle, an deren Stirnwand ein Altar steht.

»Hier versammeln sich regelmäßig die Mitglieder der ergonianischen Kulturorganisation. Wir sind keine Sekte. Bei uns vereinigen sich Wissenschaftler, die es sich zur Aufgabe gemacht haben, das einzige interessante Ziel des Lebens zu erreichen, nämlich die geistige Freude«, erklärt Creti.

»Es sind heute nicht das Geld, die Erfolge, die Autos oder der Applaus, die unsere Seelen erheitern können. Das einzige, was wirklich geistige Freude bringt, ein wirkliches Ziel, ist die Ruhe. Stille bringt Kraft. Wir sorgen uns dann nicht mehr um das Morgen, um Tod oder Überleben. Wir müssen die großen Linien erkennen, sonst wird unsere Reise auf diesem Planeten zu einer Fahrt durch ein Jammertal!«

Creti ist der Meinung, daß trotz vieler Fortschritte der Wissenschaft manche Irrwege gegangen werden. Die verschmutzte Umwelt, der kranke Wald, die atomare Bedrohung durch Kernkraftwerke und Waffenpotentiale sind das Ergebnis falscher, weil materiell orientierter Denkweisen.

Creti: »Buddha hat einmal gesagt, wir schaffen die Welt durch unsere Gedanken. Wir sind gleichzeitig also Schöpfer und Geschöpfe und zu außerordentlichen Leistungen fähig. Wir sind vom Leben ausgewählt und auch in der Lage, kleine und große, unwichtige und wichtige Dinge zu begreifen und voneinander zu unterscheiden.

Jeder kann zu uns kommen und uns ein Stück auf dem Weg zur Weisheit begleiten. Um unser Prinzip verständlich zu machen, haben wir die alten Schriften hochentwickelter Persönlichkeiten studiert. Es sind Wesen, die auf einer anderen geistigen Ebene angekommen sind und es eigentlich nicht mehr nötig gehabt hätten, auf dieser Welt geboren zu werden. Buddha ist ein solcher geistiger Vorreiter der Wahrheit. Sechs Jahrhunderte vor Christus hat er sich bereits wie Christus ausgedrückt!«
»Gibt es solche Eingeweihten, solche großen Geister auch in der Gegenwart?«
»Diese Zeit ist ein schlechter Nährboden für Weisheit«, antwortet Creti. »Spirituelle Lehrer haben im Westen keine Chance. Sie würden ersticken in der Hektik und untergehen im Kampf um Macht, Geld, Erfolg!«
Creti warnt zugleich vor »falschen Idolen und verlogenen Meistern«.
»Die Wahrheit liegt in jedem von uns. Weisheit kommt nicht von den Sternen, sondern aus dem Inneren unserer Seele. Wir müssen lernen, uns selbst zu vertrauen!«

Die Kraft der Pyramide

Experimente mit unbekannter Energie

»Zwar weiß ich viel, doch möcht' ich alles wissen!« Marcello Creti scheint von diesem »Faust«-Motto getrieben. Fünf Räume des Klosters sind mit technischem Gerät ausgestattet, das noch in den fünfziger Jahren hergestellt wurde und entsprechend unbeholfen wirkt.
Da liegen Hühnereier in Brutmaschinen, Reptilien sind in konservierende Flüssigkeit gebettet. Eine Vakuum-Pumpe erzeugt in einer Glasglocke ständigen Unterdruck. Darunter steht ein Modell mit den Maßen der Cheops-Pyramide genau über einem Reagenzglas mit einem kristallinen Mineral.
Creti: »Wir wissen, daß die Pyramide jene Körperform ist, die ausgestrahlte Energien an einen Punkt versammelt. Unter diesem Apparat studieren wir alle Energien, die uns umgeben und die auf einem einzelnen Punkt konzentriert werden. Das Mineral unter der Pyramide wächst durch die konzentrierten magnetischen Strahlungen etwa zehnmal so schnell wie unter natürlichen Bedingungen!«
Marcello Creti weiß nicht zu sagen, aus welchen bisher unentdeckten Kräften die Pyramidenenergie besteht, die Lebensmittel konserviert, Messer schärft und verschmutzte Münzen reinigt. Wasser, das dieser Energie ausgesetzt ist, strafft die Haut der Menschen, die sich damit waschen. Ja, es scheint sie geradezu zu verjüngen.
»Es ist eine kosmische Energie, die durch die Pyramide verstärkt wird. Natürlich wächst ein Kristall immer, aber bei unserem Experiment unter der Pyramide haben wir es mit einer meßbaren Beschleunigung des Wachstums zu tun. Ein Kristall wächst, vielleicht benötigt es 10 000

Jahre, aber es wächst. Dieses Experiment dient der Beschleunigung dieses Kristallisationsprozesses«, meint Creti.

Im benachbarten Labor probiert er ein Gerät aus, mit dem »magnetische Energie« in den Körper eines Menschen einstrahlen soll, um verborgene Krankheiten aufzuspüren.

»Mein Apparat erzeugt ein energetisches Feld von der Stärke eines Millimeters, das den gesamten Körper umfaßt. Zwei Magnetfelder bewegen sich aufeinander zu und durchdringen Gewebe und Knochen. An jenem Punkt, wo es eine Veränderung gibt, etwa ein Nierenstein, spürt man an dieser Stelle kleine Schläge. Dies muß aber nicht exakt der Punkt sein, an dem der Schmerz verspürt wird. Ich untersuche mit dem von mir konstruierten Gerät den Energiekörper des Menschen und kann Krankheiten diagnostizieren, die erst im Entstehen sind. Fachärzte können dann die weitere Behandlung übernehmen«, erklärt Creti seine Versuche.

Geistheiler – auch Nicola Cutolo in Bari – sprechen gerne von jenem feinstofflichen Körper – auch Astralleib genannt –, der nach ihrer Ansicht der Träger des Bewußtseins, des eigentlichen »Ich« des Menschen ist.

Der Russe Kirlian hat mit Hilfe einer von ihm entwickelten Hochfrequenz-Fotografie diesen Energiekörper sichtbar gemacht, den mehr oder weniger stark auch Tiere, Pflanzen und anorganische Materie zu besitzen scheinen.

Der deutsche Heilpraktiker Peter Mandel verwendet die Kirlian-Fotografie schon seit Jahren zur Bestimmung von Krankheiten, deren erste Anzeichen er lange vor ihrem Ausbruch im Organismus im energetischen Feld des Menschen aufspürt und deren Ausbrechen er durch verschiedene alte, mittlerweile wiederentdeckte natürliche Methoden verhindert. Zur Vorbeugung, aber auch zur Behandlung bereits akuter Störfälle im Organismus

Eine Pyramide unter einer Vakuumglocke sorgt für schnelleres Wachstum eines Kristalls. Dahinter Rainer Holbe und Elmar Gruber.

benutzt er die von ihm entwickelte »Farbpunktur«. Bei dieser Methode vereint er die chinesischen Erfahrungen der Akupunktur mit der schon im alten ägyptischen Reich bekannten Heilung durch verschiedene Farben.*

Offensichtlich will Marcello Creti das Aufspüren von Anomalien im Energiekörper des Menschen nicht nur paranormalen Heilern überlassen. Mit dem Gebrauch dieser – freilich noch nicht genügend erprobten – Maschine könnte jeder Mediziner dieses Diagnoseverfahren anwenden.

Marcello Creti hat schon als vierzehnjähriger Junge einen Apparat konstruiert, der störende elektrostatische Effekte auslöschen konnte. In Fachkreisen galt die Erfindung als kleine Sensation und für Marcello war sie noch rätselhafter. Er hatte von diesem Apparat geträumt und die Konstruktionspläne nach dem Aufwachen gezeichnet. Ein befreundeter Ingenieur erkannte sofort Wirkung und Funktion des Gerätes, das noch heute in Serie hergestellt wird.

Über Nacht wurde der junge Marcello zu einer nationalen Berühmtheit. Die Zeitungen berichteten über das junge Genie, und das faschistische Italien hatte einen neuen Helden. In rascher Folge setzten sich die »erfinderischen Träume« fort, und Cretis Eltern konnten eine Erfindung nach der anderen patentieren lassen.

Unter anderem wurden nach den nächtlichen Konstruktionsplänen ein Elektroschock-Gerät und das Modell einer vollautomatischen Kamera mit einer einfach einlegbaren Kassette für einhundert Bilder gebaut.

Creti bot diese Erfindung 1952 einer amerikanischen Firma an, die jedoch dankend ablehnte mit der Begründung, der Apparat sei unhandlich und hätte gravierende Mängel.

* Nachzulesen in »Praktisches Handbuch der Farbpunktur« von Peter Mandel, erschienen im Energetik-Verlag, Bruchsal.

Creti zeigt uns das Ablehnungsschreiben, das er in einem Ordner aufgehoben hat.
Ironie des Schicksals: Zwei Jahre später brachte der Konzern die Instamatic-Kamera auf den Markt, ein genaues Abbild der Creti-Kamera.
In einem anderen Raum bewahrt Creti einen Stein von etwa einem Meter Durchmesser auf, den er mit seinen Helfern aus Nordafrika mitgebracht hat. An der flachen, hellen Oberfläche erkennt man deutlich die Abbildung einer großformatigen Pflanze.
»In der Savanne entdeckten wir einen Felsen, den ich näher untersuchte«, erzählt Creti. »Wir fanden ein kleines Loch in dem riesigen Stein, der innen hohl war. Als wir einen Durchbruch geschaffen hatten, entdeckten wir, daß dieses kleine Loch wie die Linse einer Kamera funktioniert und über Jahrhunderte hinweg die pflanzliche Umgebung auf der Innenseite des Steins abgebildet hat. Wir haben den Stein zerschnitten – er maß sechs Meter im Durchmesser – und hier nach Sutri gebracht!«
Ein Felsen, der bei der raschen Veränderung der Vegetation durch die ungezählten Jahre seiner Existenz als Kamera eine so klare Abbildung farnartiger Pflanzen zustande gebracht haben soll – das klingt phantastisch. Ähnlich einzustufen ist ein im gleichen Raum befindlicher Apparat, der Energien messen soll, die von Mineralien ausgehen und die bei seiner Kommunikation mit dem Urgestein der Erde eine Rolle spielen.
Diese Behauptung deckt sich zumindest mit den Aussagen vieler mystischer und esoterischer Schulen, die davon berichten, daß »Vibrationen«, Schwingungen, von Menschen, Tieren, Pflanzen und auch von unbelebter Materie ausgehen und einen Kommunikationsprozeß untereinander ermöglichen. Diese Ideen sind nicht mehr so utopisch, wenn man die aktuellen neurophysiologischen Forschungen auf diesem Gebiet betrachtet. Die sogenannte »Pribramsche Hologrammtheorie« etwa

nimmt an, daß die Realität in gewissen, nennen wir es »Schichten«, holographisch, also aufgrund von überlappenden Schwingungen organisiert ist.*

Damit ist Marcellos Führung durch das Kloster der Inquisition nicht zu Ende. Er will uns noch einen »Bazillus« zeigen. Unter einem Lichtmikroskop entdecken wir einen Moskito, der vom Mikroskop auf einen Bildschirm übertragen wird.

»Auch dieses Verfahren habe ich entwickelt, aber ich muß zugeben, daß es den modernen Elektronikern auch schon eingefallen ist und ihre Geräte sich durch größere Präzision auszeichnen«, erklärt Meister Creti.

Der fleißige Mensch von Sutri hat dieser Tage ein Buch veröffentlicht mit dem unübersetzbaren Titel »I Cosmitron«, das er als wissenschaftliche Abhandlung über okkulte Dinge verstanden wissen will.

»Ich habe die Texte in meinen Träumen erfahren; sie stammen von verstorbenen Meistern, deren Hilfe ich bisweilen erbitte«, sagt Creti.

Das Buch beginnt mit der Geburt alles Lebendigen, geht auf die innere Struktur des Atoms über und behandelt das Entstehen von Krankheiten und deren Ursachen im seelisch-geistigen Bereich. Die Entstehung des Planeten Erde wird ebenso geschildert, wie die Struktur des Lichtes und die Frage der Energie.

In einem zweiten Buch »Conosciti« (»Erkenne dich«) will Creti über die verschiedenen Menschenrassen berichten. Ausführlich wird er dabei auf Wesen eingehen, die vor achttausend Jahren auf der Erde gelebt und

* Näheres darüber ist nachzulesen in der Zeitschrift »Esotera«, Nr. 1 und 2, Jahrgang 1980.

Durch ein handtellergroßes Loch kann man einen Blick in eine der zugemauerten Zellen werfen, in der Edelsteine und Halbedelsteine auf Felsbrocken ausgestreut sind.

ein unglaublich hohes technisches Niveau erreicht haben sollen. Reste dieser amphibisch begabten Rasse wird man in tieferen Erdschichten noch finden, meint Creti.

»Meine Bücher bieten vollständig neue Ansichten vom Wesen des Kosmos und des Menschen. Sie sind mir genau so eingegeben worden wie meine Erfindungen«, sagt er.

»Manchmal sehe ich ganze Sätze vor mir, die ich dann schnell in ein Diktiergerät spreche. Ich finde die Worte, wie ich Mineralien entdecke oder die Reste einer prähistorischen Stadt«, erklärt Marcello.

Ähnlich wie Umberto di Grazia hat auch Marcello Creti schon archäologische Entdeckungen möglich gemacht. Das Auffinden einer präetruskischen Siedlung und des griechischen Theaters bei Agrigent wären ohne ihn nicht möglich gewesen.

Besuch am runden Tisch

Eine spiritistische Sitzung und ihre Folgen

Von der Wand schaut der lebensgroße Buddha, in dessen drittem Auge auf der Stirn eine kleine Glühbirne glimmt. Um einen großen runden Holztisch haben sich die Mitarbeiter und Anhänger Cretis niedergelassen. Sie tragen schwarze Hosen und gleichfarbige Pullover. Vor ihrer Brust baumelt das Zeichen der »ergonianischen Kulturorganisation«, das Doppelkreuz aus Silber. Das Licht ist gedämpft, reicht aber gerade noch für die elektronische Kamera.
Sie treffen sich ein paarmal in der Woche, erzählen mir die Männer, »um vom Wissen großer Geister zu profitieren«. Dabei tun sich oft schauerliche Dinge: Kerzenleuchter stürzen um, Bilder fallen von den Wänden und hin und wieder hebt sich auch schon mal der schwere Eichentisch in die Höhe.
»Dies passiert aber nur, wenn es negativen Energien gelingt, in unsere schöpferische Kommunikation einzugreifen«, sagt einer der Männer.
Marcello Creti erscheint. Auch er ganz in Schwarz. Er lächelt, begrüßte seine Freunde per Handschlag. Es ist so, als hätte er zu einem Dinner geladen.
»Ich werde Ihnen lediglich demonstrieren, wie wir den Kontakt zu Wesenheiten herstellen, die einmal auf der Erde gelebt und sich in der anderen Dimension wissenschaftlich weiter entwickelt haben. Sie vermitteln uns häufig, wenn auch oft nur bruchstückhaft, Informationen von großer Wahrhaftigkeit«, sagt Creti.
Das Licht wird noch mehr reduziert, aus Lautsprechern ertönt elektronische Musik. Die Kassette klingt ein wenig verzerrt. Die Teilnehmer der Sitzung haben ihre

In Trance befragt Creti Gesprächspartner im »Jenseits«. Daniella hält dabei seinen Kopf. Wahn oder Wirklichkeit?

Hände auf die Tischplatte gelegt und berühren sich mit den Fingerspitzen.
Daniella, eine junge Frau mit Madonnengesicht, tritt hinter Creti und hält seinen Kopf. Er murmelt unverständliche Worte, seine Augäpfel rotieren. Plötzlich schließt er die Augen, sein Kopf fällt vornüber. Daniella weckt ihn, indem sie sanft seine Stirn massiert.
Sind wir Zeuge vom Beginn eines spiritistischen Experimentes geworden oder war alles eine Theaterinszenierung? Wenn ja, zu welchem Zweck?
»In medialen Sitzungen kann ich als Wissenschaftler in bestimmte Mysterien eindringen, die mir sonst ver-

schlossen bleiben«, versucht Marcello Creti zu erklären. »Hier haben auch schon Physiker, Mathematiker und Biologen gesessen, die von den Aussagen ihrer jenseitigen Kollegen ziemlich verblüfft waren. Oft sprechen die von Drüben in einer Fachsprache, die nur ein Experte verstehen kann.«

Marcello ist in diesem Falle das Medium, dessen sich ein Geistwesen bedient, um zu den anderen zu sprechen. Er verliert – so sagt er – dabei seine eigene Identität. Die Funktionen seines Körpers seien dabei völlig ausgeschaltet. Erst viel später hört er ein Tonband ab, um von den Aussagen zu profitieren. Fragen an die unsichtbaren Gesprächspartner stellt das anwesende Auditorium.

»Man darf diese Dinge nicht als Geisterspiel oder Tischerücken betrachten«, warnt Creti. »Diese Praktiken stellen eine banale Form dar, derer sich Menschen bedienen, um Geld zu machen!«

»Wollen Sie damit sagen, daß Sie bei Ihrem Brückenschlag zu anderen Dimensionen in einer Art vorgehen, die mit konventionellen wissenschaftlichen Methoden überprüfbar wäre?«

»Die meisten Naturwissenschaftler«, antwortet Creti, »sind in ihrem Denken und in ihrer Arbeit rubriziert. Es sind Experten, die nur einen winzigen Weg verfolgen. Dabei schauen sie weder nach links noch nach rechts. Sie sind wie Flöhe, die ihr Leben auf einem Elefanten verbringen und nicht wissen, auf welch schönem, gewaltigem und klugem Tier sie sich befinden!«

»Sie meinen, das Universum müßte in seiner Ganzheit betrachtet werden?«

Creti: »Genau. Alles steht mit allem in einer einzigartigen, großen Verbindung. Es gibt keine Grenzen. Die setzen wir uns selbst. So gibt es auch keinen wirklichen Tod, nur eine Existenz in einer anderen Schwingungsebene, zu der wir durchaus Kontakt aufnehmen können.«

»Und dieser Kontakt ist nur auf spiritistischem Weg möglich?«
»Mein Konzept und das der ergonianischen Vereinigung ist die Nutzung bioenergetischer Strahlung. Es gibt Schwingungsebenen, die sich anziehen und solche, die sich abstoßen. So ist die Liebe zu erklären und auch der Haß. Diese Schwingungsfelder legen wir niemals ab, sie gehören zu unserem ›Ich‹, auch wenn wir gestorben sind!«
Creti spricht damit ein bisher unerklärbares Problem der Spiritisten an, denen es oft nicht gelingt, zu ganz bestimmten Verstorbenen Kontakt aufzunehmen.
»Wer schon auf der materiellen Daseinsebene Kontaktschwierigkeiten hatte, wird sie auf der feinstofflichen Basis genauso haben«, sagt Creti.
»Jedes Objekt strahlt Energien aus. Trotz unserer modernen Technik ist es noch nicht gelungen, diese Strahlung zu klassifizieren. Alle unsere Studien sind deshalb nur Thesen, mit deren Hilfe wir versuchen, diese Energien aufzunehmen, zu transformieren und in Signale umzuwandeln, die wir qualifizieren und quantifizieren können.«
Am Schluß der Dreharbeiten bitten wir noch einmal die Parapsychologin Dr. Anna Maria Turi um eine Bewertung dieses außergewöhnlichen Mannes.
»Marcello Creti«, so sagt sie, »ist sicherlich eine einzigartige Persönlichkeit, die aus der Vergangenheit zu kommen scheint. Er hat eine gewisse Ähnlichkeit mit dem Prinzen Raimondo de Sangro von Sansevero, der im achtzehnten Jahrhundert gelebt und in Neapel leuchtende Spuren seiner Tätigkeit hinterlassen hat. Er war ein Mäzen und Beschützer der Künstler, aber auch ein Alchemist und Forscher. Marcello Creti entstammt ebenfalls einer adeligen apulischen Familie. In seinem Kloster lebt er vor allem, um in Ruhe mit sich und seiner Genialität zu kommunizieren.«

Die Frau aus dem Licht

Wie die kleine Roberta für Wirbel sorgt

Es war ein Tag im Mai, als die damals sechs Jahre alte Roberta dell'Olio mit ihrer fünf Jahre alten Nichte in den kleinen Hof hinter dem Wohnblock zum Spielen ging. Es mag merkwürdig klingen, daß eine Sechsjährige schon eine so große Nichte hat, aber Roberta ist das zehnte Kind einer Familie und viele ihrer Geschwister haben bereits Nachwuchs. In der Siedlung an der Peripherie von Bisceglie wohnen die kleinen Leute der Stadt. Wenn sie Glück haben, arbeiten sie in den wenigen Industriebetrieben am Meer. Manche von ihnen sind schon seit Jahren arbeitslos, sitzen in der Sonne und warten auf einen Gelegenheitsjob, der viel zu selten angeboten wird. Robertas Vater kann nicht lesen und schreiben, ihre Mutter hat eine Stelle als Aufwartefrau in irgendeinem Amt. Fünf Kinder der Familie wohnen noch zu Hause. Es ist eng dort oben, und in der guten Stube läuft den ganzen Tag der Fernsehapparat.

Roberta spielt gerne hier unten im Hof, wo sie die Kinder aus der Nachbarschaft trifft und ab und zu auch über eine kleine Mauer auf ein unbebautes, von Disteln, Holunderbüschen und wilden Blumen bewachsenes Grundstück klettert.

Hier steht auch ein kleiner Feigenbaum, kaum einen halben Meter hoch, der sich aus einem weggeworfenen Kern prächtig entwickelt hat.

An diesem Nachmittag fühlt sich Roberta plötzlich gerufen. Sie hört nicht ihren Namen, sondern nur die Stimme einer Frau, die »Mädchen, Mädchen« ruft. Die kleine Nichte sieht gerade noch, wie Roberta zum Feigenbaum läuft und dann abrupt stehenbleibt.

In diesem Augenblick tritt Robertas Mutter auf den Balkon, um nach der Tochter zu sehen. Auch sie ruft.
»Roberta, zeige dich. Komm auf den Hof, damit ich dich beobachten kann!«
Nur die Nichte sieht, daß Roberta in diesem Moment umfällt, so als sei sie vom Blitz getroffen.
Das kleine Mädchen alarmiert ein paar Frauen aus dem Haus. Aber noch ehe sie unten auf dem Hof sind, ist Roberta schon wieder auf den Beinen.
Erst nach etwa einer Viertelstunde, auf der schmalen Liege in ihrem Zimmer, kann Roberta wieder sprechen.
»Ich sah eine weiße Wolke, die sich zu verwandeln schien. Und dann sah ich diese Frau, die mich anlächelte. Sie war ganz in Schwarz gekleidet. Ich war so erschrocken, daß mir schwindlig wurde und ich hinfiel«, erzählte Roberta damals ihrer Mutter.
Signora dell'Olio ist beunruhigt. In den letzten Wochen hatte Roberta oft von Gesichtern erzählt, die sie dort unten am Feigenbaum gesehen habe. Männerköpfe mit langen Haaren seien vor ihr aufgetaucht und gleich wieder verschwunden.
Robertas Brüder glaubten an einen Scherz, und mit dem Auto der Familie hatten sie gleich darauf die nähere Umgebung erkundet. Aber sie fanden weder eine Frau in Schwarz noch verdächtige Männergestalten.
Wie die meisten Italiener gehört auch die Familie dell'Olio der römisch-katholischen Religion an, aber man geht selten zum Gottesdienst und die Sakramente nehmen sie schon lange nicht mehr. Roberta hatte als Sechsjährige keinen Katechismus-Unterricht, und auch die Vorbereitungen zur Erstkommunion hatten noch nicht begonnen. Die Geschichten des Alten und Neuen Testaments waren kein Gesprächsthema in der Familie.
Dr. Anna Maria Turi, die den Fall in Bisceglie, aber auch die Berichte über ähnliche Erscheinungen in Süditalien, Sardinien, Sizilien, Griechenland und Jugoslawien un-

In einem Feigenbaum im Hinterhof einer Arbeitersiedlung von Bisceglie soll der achtjährigen Roberta regelmäßig eine leuchtende Frauengestalt erscheinen.

tersucht hat und in einem französischen Verlag publiziert, ist davon überzeugt, »daß hier etwas geschieht, das dem paranormalen Bereich zuzuordnen ist!«
Die Muster solcher Phänomene gleichen sich: da sind die weiße Wolke, die Frauengestalt, die Botschaften.
Roberta dell'Olio hat schon mehrere Hefte mit solchen Botschaften vollgeschrieben, die sie angeblich von der Frau erhält. Inzwischen weiß sie, daß es Maria sein muß, die Mutter Jesu, die ihr da begegnet.

Dr. Anna Maria Turi: »Roberta sieht die Jungfrau jedesmal, wenn sie hinunter zum Feigenbaum geht. Zu Beginn der Erscheinungen war der Baum etwa einen halben Meter hoch, inzwischen ist er auf drei Meter in die Höhe und mehrere Meter in die Breite gewachsen. Dies ist sehr ungewöhnlich, denn Feigenbäume wachsen nur wenige Zentimeter im Jahr!«
Einen Orkan im Frühjahr des Jahres hat der Baum unbeschadet überstanden. Während Dächer abgedeckt und Straßenbäume entwurzelt worden waren, fehlte dem Feigenbaum – nach Turis Recherchen – kein einziges Blatt.

Kontakte mit einer Unsichtbaren

Wer spricht aus dem Feigenbaum?

An einem Samstagvormittag fahren wir mit unseren Kamerawagen in den schmalen Hinterhof, der an das unbebaute Grundstück mit dem Feigenbaum anschließt. Etwa fünfzig neugierige Kinder empfangen uns lärmend, drängeln sich an die Scheiben. Roberta ist leicht zu erkennen. Sie trägt ein hellgelbes Taftkleid und ein Band im frischgewaschenen Haar. Sie ist zurückhaltend, aber auf eine angenehme Weise auch selbstbewußt. Es hat sich herumgesprochen, daß ein Fernseh-Team gekommen ist, um das »Wunder von Bisceglie« zu filmen. Auf den Balkonen drängeln sich die Menschen, sie schauen aus den Fenstern, manche kommen auch herunter und stellen Fragen.
»Wenn es wirklich die Mutter Gottes ist, warum kommt sie dann zu uns armen Arbeitern in dieses schmutzige Viertel?« fragt ein Mann. »Viele von uns können nicht schreiben. Wir können also gar nichts anfangen mit den Botschaften, die uns Roberta da immer wieder vorliest!«
Vor dem Feigenbaum brennen Kerzen, zwischen die Blätter haben Leute eine kleine Statue der Madonna gestellt. Ein verfallener Stall dahinter ist angefüllt mit Heiligenbildern, Votivkerzen und geweihten Palmzweigen. Auch die Familie dell'Olio ist gekommen. Die Brüder bieten uns gekühltes Bier an.
Vor der Kamera befragt Anna Maria Turi Mutter und Tochter. Die Antworten kommen rasch, ohne Zögern.
Turi: »Wie haben Sie bemerkt, daß Ihre Tochter eine Marienerscheinung hatte?«
Frau dell'Olio: »Weil sie mit ihrer Nichte sich gerufen

fühlte. Sie hörten deutlich die Worte ›Mädchen, Mädchen‹. Sie haben sich umgedreht, niemanden gesehen und daher Angst bekommen. Die Nichte erzählte ihrem Vater, meinem zweiten Sohn: ›Da unten ist jemand, der Roberta wegführen will‹. Mein Sohn ist sofort hinuntergegangen, aber er konnte niemanden sehen. Das Mädchen rief: ›Sie ist dort an dem Baum.‹ Das Mädchen war so erschrocken, daß es weinte. Sie erzählte mir später, daß sie gesehen habe, wie Roberta umgefallen sei. Auch ich habe zu dieser Zeit auf dem Balkon gestanden. Aber von dort kann man den Feigenbaum nicht sehen.«

Turi: »Roberta ist also tatsächlich in Ohnmacht gefallen?«

Frau dell'Olio: »Sie hat mir später gesagt, daß ihr schwarz vor den Augen gewesen und sie umgefallen sei. Wir machten uns große Sorgen, und ich bat meine älteste Tochter Rosa, Roberta zum Priester zu bringen. Vielleicht könne der ihr diese fixe Vorstellung von der Frau in Schwarz ausreden. Sie brachte das Mädchen in die Kirche, und Roberta erzählte, was ihr widerfahren war. Der Priester glaubte ihr nicht. Sie sagte: ›Hinter dem Feigenbaum ist eine Frau und sie bat mich, den Platz zu weihen.‹ Don Giovanni war einverstanden, und beide gingen in den Hof, um den Ort zu weihen. Roberta sagte dem Priester, daß sie die Madonna deutlich sehen könne. ›Sie weint, sie weint‹, rief sie erregt.«

Turi: »Die Madonna weinte?«

Frau dell'Olio: »Ja, sie weinte. Dann verschwand die Madonna und ihr erschien Jesus. Doch sie wußte damals nicht, daß es Jesus war. Doch wenig später unterhielt sie sich mit der Madonna, und Don Giovanni hatte ein Tonbandgerät und zeichnete das Gespräch auf.«

Turi: »Die Worte des Mädchens zur Madonna?«

Roberta mit ihrer Mutter.

Frau dell'Olio: »Ja, zur Madonna. Doch dieses Gerät ist mit dem Tonband verschwunden. Der Priester ist ganz verzweifelt. Er kann sich nicht vorstellen, wo alles geblieben ist. Während dieses Gesprächs sah Roberta auch einen Mann und sie wußte nicht, wer es war.«
Turi: »Sie sah ihn in diesem kleinen Feigenbaum?«
Frau dell'Olio: »Ja, ganz nahe an diesem Feigenbaum, nachdem die Madonna verschwunden war. Dann sagte er: ›Roberta, ich habe dir meinen Namen nicht gesagt.‹ Sie antwortete: ›Nein, wie heißt du?‹ Und er hat gesagt: ›Ich heiße Jesus!‹«
Turi: »Jetzt möchte ich dich etwas fragen, Roberta. Willst du mich dabei anschauen? Wie war die Madonna, als sie dir erschien. Was für ein Gesicht hatte sie?«
Roberta: »Ein schönes!«
Turi: »Lächelte sie oder war sie traurig?«
Roberta: »Sie war traurig!«
Turi: »Wie war die Madonna gekleidet, als du sie an diesem Feigenbaum gesehen hast?«
Roberta: »Schwarz.«
Turi: »Hat sie dir gesagt, warum sie traurig war?«
Roberta: »Nein!«
Turi: »Du hast nicht verstanden, warum Maria traurig war?«
Roberta: »Nein.«
Turi: »Warum, denkst du, war sie schwarz gekleidet?«
Roberta: »Weil ihr Sohn gestorben ist.«
Turi: »Und auch später erschien sie dir immer schwarz gekleidet?«
Roberta: »Ja.«
Turi: »Und dann, bevor sie verschwand, was hat sie dir gesagt?«
Roberta: »Nichts. Sie hat gelächelt und dann war sie verschwunden.«
Turi: »Wie ist sie verschwunden? Hast du sie plötzlich nicht mehr gesehen?«

Roberta: »Sie wurde in eine weiße Wolke gehüllt und war dann verschwunden.«
Turi: »Und diese Wolke zeigt sich öfters?«
Roberta: »Nein.«
Turi: »Wie oft hast du in diesem Baum die Madonna gesehen? Er ist inzwischen ja ganz schön gewachsen.«
Roberta: »Ich sehe die Madonna immer, wenn ich hierher komme!«
Turi: »Immer wenn du kommst?«
Roberta: »Ja.«
Turi: »Morgens und nachmittags?«
Roberta: »Ja.«
Turi: »Siehst du die Madonna auch in diesem Augenblick?«
Roberta: »Ja.«
Turi: »Du siehst die Madonna. Warum können wir sie nicht sehen?«
Roberta: »Weil ihr sie nicht sehen könnt.«
Turi: »Erklärst du mir, warum?«
Roberta: »Das kann ich nicht erklären!«
Turi: »Hat dir die Madonna gesagt, warum du sie sehen kannst und wir nicht?«
Roberta: »Nein.«
Turi: »Ist sie in diesem Moment traurig oder lächelt sie?«
Roberta: »Sie lächelt.«
Turi: »Freut sie sich, daß wir uns unterhalten?«
Roberta: »Ja.«
Turi: »Glaubst du, daß die Madonna dir eine wichtige Botschaft für uns alle anvertrauen möchte?«
Roberta: »Ich weiß nicht.«
Turi: »Möchtest du sie fragen?«
Roberta: »Ja.«
Sie dreht sich zum Feigenbaum um. Es ist still geworden im Hof. Niemand spricht. Auch draußen von der Straße ist kein Autolärm zu hören. Kameramann Musialik schwenkt zum Feigenbaum, durch dessen Blätter

Roberta mit Rainer Holbe während der Dreharbeiten in ihrem Hinterhof.

schwach das Licht der Sonne dringt. Dann lächelt Roberta und wendet sich wieder ihrer Gesprächspartnerin zu.

Turi: »Nun, was möchte sie uns sagen?«

Roberta: »Ich weiß nicht, sie hat mir nur gesagt, daß sie eine Botschaft für uns hat.«

Turi: »Sie hat eine Botschaft für uns?«

Roberta: »Ja.«

Turi: »Laß dir die Botschaft sagen, damit wir sie alle hören können. Hier über Fernsehen die ganze Welt.«

Roberta: »Nein, ich kann es nicht sagen!«
Turi: »Wann wirst du es uns sagen?«
Roberta: »Ein anderes Mal!«
Turi: »Wann?«
Roberta: »Ich weiß es nicht.«
Turi: »Kommst du oft an diesen Platz, um zu beten?«
Roberta: »Ja, jeden Tag.«
Turi: »Roberta, schreibst du die Botschaften, die du erhältst, in deine Schulhefte?«
Roberta: »Nein.«
Turi: »Aber ich habe ein Heft gesehen mit allen Botschaften der Madonna.«
Roberta: »Das ist kein Schulheft.«
Turi: »Es ist kein Schulheft, aber ein Heft, das du gekauft hast, um darin die Botschaften der Madonna aufzuschreiben?«
Roberta: »Ja.«
Turi: »Würdest du mir die Botschaft aufschreiben, die du eben erhalten hast?«
Roberta: »Ja!«
Turi: »Danke. Hier ist ein Stift!«
Roberta legt das Heft auf die kleine Mauer, beugt sich darüber und beginnt zu schreiben. Sie überlegt nicht lange, zögert auch nicht. Interessant ist, daß sich ihre Handschrift bei den angeblichen Marien-Botschaften verändert. Die Schrift in Robertas Schulheften ist krakeliger, eben mehr die eines achtjährigen Kindes.
Turi: »Roberta, willst du bitte die Botschaft jetzt vorlesen?«
Roberta (liest): »Liebe Schwestern, liebe Brüder. Lästert nicht nur, geht aufeinander zu und verbreitet Liebe. Denkt und tut Gutes. Das ist meine Botschaft für euch in Bisceglie am 31. Mai 1986!«
Turi: »Was bedeutet für dich das Wort ›lästern‹?«
Roberta: »Wenn man schlechte Sachen über andere und über Jesus sagt!«

Turi: »Was ist in den Herzen der Menschen in dieser Zeit?«
Roberta: »Haß!«
Turi: »In dieser Zeit gibt es Haß?«
Roberta: »Haß – auch gegenüber Jesus!«
Turi (wendet sich an die Mutter): »Signora, haben Sie bemerkt, daß sich Ihre Tochter verändert hat, seit sie diese Erscheinungen hat?«
Frau dell'Olio: »Ja, sie ist acht Jahre alt, aber manchmal erscheint sie mir wie eine Erwachsene!«
Turi: »Sie ist reifer geworden?«
Frau dell'Olio: »Ihre Art zu Sprechen hat sich gewandelt. Auch hat sie eine bestimmte Weise, wie sie die Dinge des Alltags betrachtet. Sie ist ruhig und besonnen und klug. Und sie ist auch nicht mehr so verspielt wie ein Kind ihres Alters.«
Turi: »Wie steht die Bevölkerung von Bisceglie zu diesen Ereignissen?«
Frau dell'Olio: »Die Leute sind vor allem neugierig. Sie sind nicht ehrlich. Sie können nicht glauben, daß auch in einem so einfachen Stadtteil die Madonna erscheint. Sie meinen, das sei eine Sache, die in ein anderes Viertel gehört. Auch hier gibt es Menschen, die von den Balkonen herunter lästern, die nicht wollen, daß Roberta abends um neun herunterkommt, um den Rosenkranz zu beten. Sie sagen, sie störe sie und sie schimpfen vom Balkon. Das ist nicht richtig!«
Turi: »Roberta, gibt es einen Priester, den du gern hast und dem du erzählen kannst, daß du die Madonna siehst?«
Roberta: »Erzählen kann ich es nicht, aber wenigstens mag ich ihn.«
Turi: »Welcher Priester ist das?«
Roberta: »Es ist kein Priester, es ist ein Franziskaner.«
Turi: »Er ist ein Franziskanermönch?«
Roberta: »Er heißt Valeriano.«

Turi: »Möchtest du etwas über Bruder Valeriano erzählen? Ist er gut zu dir?«
Roberta: »Ja!«
Turi: »Versteht er dich?«
Roberta: »Ja, er versteht mich.«
Turi: »Verstehen dich auch die anderen wie er?«
Roberta: »Nein.«

Die Frau aus Nazareth

Maria – ein parapsychologisches Phänomen?

Über die Monitore des Fernsehstudios in Luxemburg flimmern die Bilder aus Bisceglie. Zum ersten Mal sieht Dr. Bert Gruber, Theologe, Pfarrer und katholischer Studienrat aus Aachen ein kleines Mädchen, das bereits über zwei Jahre hinweg Erscheinungen der »Gottesmutter« gehabt haben will. Wie läßt sich diese Frau aus Nazareth im zeitgenössischen Religionsverständnis einordnen?

Gruber: »Maria nimmt eine zentrale Stelle ein in der Geschichte Gottes und der Menschen. Dies wird deutlich in ihrem eigenen Leben, das ganz offensichtlich unter dem Wort ›Ja‹ steht. Sie sagt ja zum Engel Gabriel, der ihr die Botschaft überbringt, daß sie dazu ausersehen sei, Jesus in die Geschichte der Menschen gelangen zu lassen. Der gesamte Lebensweg dieser Frau stellt so etwas dar wie das Modell der christlichen Religion. Denn dieses ›Ja‹ am Anfang ihres Daseins hat gehörige Konsequenzen. Und zwar nicht nur im positiven Sinn. Das hat die Konsequenz, daß sie ihren Sohn oft nicht versteht, daß sie Schmerzen aushalten muß, als Jesus nach Golgatha geführt wird. An dieser Frau wird beispielhaft sichtbar, was christlicher Glauben bedeutet. Es bedeutet, sich dem Ruf Gottes nicht zu entziehen und zu dem ›Ja‹ des Anfangs zu stehen, auch wenn es schwierig wird!«

Maria ist nicht die einzige Frauenfigur in den Mythen dieser Welt. Auch in anderen Religionen tauchen Frauen auf. So soll Buddhas Mutter ebenfalls »Marja« geheißen haben. Man kann diese Gestalt Marias auch tiefenpsychologisch ausleuchten und nach Jung'scher Terminologie von einem »Archetypus des Weiblichen« sprechen. Damit wäre aber Maria als »Mutter Gottes« nicht Genüge getan, weil ja nur ein Teil von ihr diesen Archetypus repräsentiert, so wie das Eva tut. Der weibliche Aspekt würde damit nicht nur in den Frauen angesprochen, sondern auch in den Männern.

Marienverehrungen an den Wallfahrtsstätten dieser Welt werden von der römischen Amtskirche mit gemischten Gefühlen registriert, lernen doch schon die Kinder im Kommunionsunterricht, daß man zwar zu Maria beten könne, daß man sie aber nicht *anbeten* dürfe. Dies gebühre nur der Heiligen Dreieinigkeit – also dem Vater, dem Sohn und dem Heiligen Geist.

Überhaupt ist das Christentum eine männliche Religion, in der Frauen allenfalls eine dienende, mütterliche Funktion haben.

Dem unnahbaren Patriarchen Gott begegnet man am besten durch eine Vermittlerin, eben jener Maria, die als Mensch die Gefühle der Menschen besser zu verstehen scheint.

Historisch sind »Marienerscheinungen« offensichtlich erst nach der Reformation registriert worden, als die Gegenreformation in der römisch-katholischen Kirche dem Marienkult besondere Aufmerksamkeit schenkte. Vor mehr als 130 Jahren wurde das Dogma der Unbefleckten Empfängnis verkündet und 1950 das von ihrer Leiblichen Himmelfahrt. Seit dem frühen 19. Jahrhundert häufen sich »Marienerscheinungen«. Die bekanntesten sind wohl die von La Salette, Lourdes und Fatima. Als Erklärung für solche Phänomene bemühen Psychologen oft das vielzitierte »Unbewußte«. Auch von Massensuggestionen ist die Rede, von Projektionen des eigenen Gehirns.

Ist die kleine Roberta in Bisceglie also über zwei Jahre hinweg das Opfer einer Halluzination gewesen, ausgelöst etwa durch eine unkontrollierbare Religiosität?

Oder betreibt sie das Spiel mit der Madonna aus einer übersteigerten Geltungssucht?
Beides ist ziemlich unwahrscheinlich, weil Roberta in diesen Jahren ja nicht nur bewunderter Mittelpunkt der Nachbarschaft gewesen ist. Sie mußte auch Beschimpfungen einstecken und das Mißtrauen von Lehrern, Pfarrern und Freunden verkraften, die sie oft genug als Lügnerin bezeichnet haben. Wie hält dies ein Kind in diesem Alter über eine so lange Zeit durch?
Natürlich mag es Fälle geben, in denen gerade Heranwachsende solche Spektakel inszenieren, um beachtet zu werden und Bewunderung auszulösen. Meist brechen solche selbstkonstruierten Lügengebäude schon nach kurzer Zeit zusammen.
Wie reagiert denn nun ein moderner Theologe wie Dr. Bert Gruber, der als Religionslehrer auch vor einer Abiturientenklasse zu stehen hat, auf Berichte wie den aus Bisceglie?
Gruber: »Nun, zunächst einmal skeptisch. Auf der anderen Seite kann ich mich dabei ja durchaus auf die Zeugnisse des Neuen Testamentes beziehen. Es ist ja nicht von ungefähr, daß Jesus immer wieder die Bedeutung der Kinder auf seinem Lebensweg hervorhebt. Und als seine Freunde, die Jünger, die Kinder einmal wegschicken wollten mit dem Argument, sie sollten Jesus doch nicht immer stören, sagte er ausdrücklich: Laßt die Kinder zu mir kommen. Ich meine, da wird etwas angesprochen, was beim Erwachsenen oft nicht mehr vorhanden ist: nämlich die Fähigkeit, etwas zu empfangen, für das Erwachsene kaum mehr eine Antenne haben. Ich meine damit die Offenheit, eine Botschaft zu empfangen, für die es im Alltagsgeschäft der Erwachsenen keinen Platz gibt. Dies könnte ein Ansatzpunkt dafür sein, daß so etwas auch über eine längere Distanz glaubwürdig wird.«
Gruber schränkt ein: »Andererseits reicht es nicht, an

solchen Phänomenen seine eigene Sensationslust zufriedenzustellen, ohne Konsequenzen für die eigene Lebensgestaltung daraus zu ziehen. Konkret gefragt: Was folgt daraus?«

Gebete am Feigenbaum

Heilt die Madonna auch Kranke?

Lourdes, Fatima, Tschenstochau, Altötting. Orte, an denen die Madonna – die Mutter Jesu – erschienen sein soll. Inzwischen blüht dort das Geschäft mit dem Kitsch, aber oft geschieht auch etwas, das man im alltäglichen Sprachgebrauch als ein »Wunder« bezeichnet. Ist Bisceglie auf dem besten Weg, ein Wallfahrtsort zu werden?

Immerhin steht auf einem Pfosten neben dem Feigenbaum ein Schild mit Angaben, zu welcher Zeit Roberta aus dem dritten Stock herunterkommt, um mit den Menschen zu beten. Ein verfallener Schuppen ist beklebt mit Heiligenbildern und vollgestellt mit Blumen in leeren Marmeladegläsern.

Schon gibt es Nachbarn, die davon berichten, daß eine Erkältung schneller verschwunden ist und ein verlorener Schlüsselbund in kurzer Zeit gefunden wurde, weil man hier zur Madonna gebetet habe. Solche Erlebnisse in der kleinen italienischen Stadt sind wohl eher Folgeerscheinungen vieler Wundererzählungen, doch kann man nicht bestreiten, daß in den bekannten Wallfahrtsorten der Welt spontane Heilungen kranker Menschen oft täglich gemeldet werden.

Der Vatikan tut sich schwer, solche Berichte zu registrieren. Vor die Akzeptanz eines Wunders gar haben die kirchlichen Behörden eine Reihe von Hürden gesetzt, die aus langwierigen und peniblen Untersuchungen bestehen. Trotz allem: die Liste der sogenannten Wunder ist lang und die Berichte darüber verblüffend.

Dr. Bert Gruber: »Das größte Hindernis, einen sachgemäßen Zugang zu solchen Ereignissen zu finden, besteht

darin, daß die Menschen der Gegenwart – verständlicherweise – vom neuzeitlichen Wunderbegriff ausgehen. Dieser besagt, daß ein Wunder ein Geschehen ist, das die Gesetze der Natur durchbricht. Dem entgegen steht der biblische Wunderbegriff, nach dem der Gläubige ein Eingreifen Gottes bemerkt. Die entscheidende Voraussetzung ist also der Glaube an Gott als Schöpfer von Welt, Mensch und Geschichte. Wenn dies nicht gegeben ist, dann ist ein Zugang zu solchen Phänomenen außerordentlich schwierig.«
Der neuzeitliche Wunderbegriff geht von einem Wirklichkeitsverständnis aus, das sich auf das Meßbare, Kalkulierbare und Berechenbare beschränkt.
Gruber: »Für viele Menschen ist ja nur das wirklich, was sie sehen, anfassen und berechnen können. Da müßte man eigentlich deutlich machen, auch aus der eigenen Lebenserfahrung heraus, daß es noch eine andere Wirklichkeit gibt mitten in dieser Wirklichkeit, die sicher nicht in Konkurrenz tritt zu diesem Wirklichkeitsverständnis, sondern als Ergänzung zu verstehen ist!«
Auch die Parapsychologen hatten ihre Schwierigkeiten mit dem neuzeitlichen Wunderbegriff und so greifen sie denn gerne auf das zurück, was Augustinus gesagt hat, daß Gott – nur um ein Zeichen zu setzen – nicht Naturgesetze außer Kraft setzt.
»Ein Wunder entsteht nicht im Widerspruch zur Natur, sondern nur zu dem, was wir bisher von der Natur wissen«, hat Augustinus einst formuliert.
Wenn sich auch die Muster sämtlicher bisher registrierter »Marienerscheinungen« gleichen, weichen sie in den Details doch voneinander ab und sind dann so individuell wie die Personen, die solche Visionen haben.
In den letzten Jahren berichten immer wieder einzelne Menschen, meist aus Ländern am Mittelmeer, von diesem Phänomen: Hirten, einsame Wanderer, Landarbeiter und immer wieder Kinder. Oft hatten sie diese

»Erscheinungen« nur ein einziges Mal. Vermuten muß man, daß die Zahl solcher Phänomene ungleich größer ist, weil die meisten Menschen subjektive Erlebnisse dieser Art nicht erzählen, aus Angst, sich lächerlich und damit unglaubwürdig zu machen.
Roberta dell'Olio hat – nach ihren Aussagen – Kontakte zur Madonna, wann immer sie möchte. Obwohl sie dabei häufig von neugierigen Nachbarn umgeben ist, kann nur sie allein diese Gestalt sehen und deren Gedanken auf telepathische Weise empfangen.
Anders ist es in Medjugorje. Dort wollen junge Leute am 24. Juni 1981 um 18.45 Uhr zum ersten Mal die Gottesmutter gemeinsam gesehen haben. Die erste Reaktion war Angst. Der kleine Ivan schloß sich in sein Zimmer ein, andere hatten Schwierigkeiten, an diesem Abend einzuschlafen. Am zweiten Tag nahmen die Kinder Freunde mit auf den kargen, felsigen Hügel. Sie nahmen Weihwasser mit, und als sie die Vision hatten, besprengten sie damit die Erscheinung.
»Die Frau aber lächelte nur«, erzählten Marija und Jakov späteren Berichterstattern.
Inzwischen sind es mehr als fünfzig Kinder aus diesem Dorf, die beschwören wollen, diese Visionen gehabt zu haben. Sie sahen Maria dreidimensional. Und obwohl sie genaue Angaben machen, ist es bisher noch keinem Maler gelungen, eine einigermaßen befriedigende Rekonstruktion anzufertigen.
Reportern erzählten die Kinder, daß ihnen eine mittelgroße Frau im Alter von etwa 25 Jahren erscheine, die in kroatischer Sprache zu ihnen spreche. Die Stimme beschreiben sie, »als wäre es ein leises Läuten von Glocken«.
Die Autoren Franz Hummer und Christian Jungwirth haben wochenlang vor Ort recherchiert. Danach hatten die jungen Leute – sie sind alle zwischen elf und siebzehn Jahre alt – die Visionen zuerst auf dem Berg

Podbrdo in der Nähe des Dorfes Bijakovići, dann in einigen Wohnhäusern und später in einer Seitenkapelle der Pfarrkirche. Seit Ostern geschehen sie in einem Zimmer des Pfarrhofes und dauern oft bis zu vierzig Minuten. Die Seher hätten währenddessen keinerlei Zeitgefühl, der Raum verlöre für sie jede Bedeutung und die Umwelt würde für sie nicht vorhanden sein.
»Sie sind gewissermaßen irgendwo anders und doch mitten unter uns«, schreibt Jungwirth.
An einem Abend soll Maria den Jugendlichen gesagt haben: »Ich bin die Königin des Friedens.« Daraufhin wollen einige Dorfbewohner das Wort »MIR«, zu deutsch: »Friede«, am Himmel gesehen haben.
Ähnlich wie aus Fatima berichtet, soll es am 2. August 1981 auch in Medjugorje ein »Sonnenwunder« gegeben haben. Eine helle, sonnenähnliche Scheibe sei einige Minuten lang rotiert. Bei Sonnenuntergang wollen die zahlreichen Pilger auch schon mal seltsame Lichtzeichen gesehen haben. Außerdem würde das Kreuz auf dem Berg bisweilen »aus sich heraus« leuchten.
Medjugorje, mitten im kommunistischen Jugoslawien, ist inzwischen ein Zentrum religiöser Sehnsüchte geworden. Priester hören auf offener Straße die Beichte und verteilen die Sakramente, jeden Tag gibt es Gottesdienste in der kleinen Kirche oder hoch oben am weißen Beton-Kreuz auf dem Berg. Von wunderbaren Heilungen ist bereits die Rede und seelischen Läuterungen.
Natürlich hat sich nicht nur die soziale Struktur in diesem kleinen jugoslawischen Bergdorf verändert, sondern auch das Leben der »Seher-Kinder«. Fast alle seien ernsthafter, aber auf eine beglückende Art auch lebensfroher geworden, berichten Beobachter.
Marija Pavlović, geboren am 1. April 1965, hat Friseuse gelernt, arbeitet aber seit ihren Visionen auf dem Bauernhof ihrer Eltern. Sie fühlt sich dort geborgener und mehr im Einklang mit der sie umgebenden Natur.

Marija: »Bevor die Gottesmutter erscheint, sehen wir zunächst mal ein Licht, dann kommt sie und sagt: ›Gelobt sei Jesus Christus.‹ Wir antworten: ›In Ewigkeit. Amen!‹ Dann erhalten wir die Botschaft.«
An den dritten Erscheinungstag, den 26. Juni 1981, kann Marija Pavlović sich noch genau erinnern: »Es war wieder auf dem Berg Podbrdo. Wir haben gebetet und der Gottesmutter besonders die Kranken anempfohlen, die mit uns gekommen waren. Beim Nachhausegehen sah ich plötzlich wieder die Gospa. Hinter ihr war ein dunkles Kreuz. Ich konnte Christus darauf nicht sehen. Die Gospa begann zu weinen und sagte: ›Friede, Friede, Friede und nur Friede!‹ Danach wiederholte sie unter Tränen zweimal: ›Zwischen Gott und Mensch soll wieder Friede herrschen. Der Friede soll auch unter den Menschen sein!‹ Sie betete, und ich betete mit ihr. In dieser Stimmung begann auch ich zu weinen, und nach einiger Zeit verschwand sie wieder!«
In der Bundesrepublik Deutschland soll es eine gut dokumentierte »Marienerscheinung« 1949 in Heroldsbach gegeben haben. In diesem oberfränkischen Dorf wollen sieben Mädchen im Alter zwischen zehn und elf Jahren zum ersten Mal am 9. Oktober 1949 die Erscheinung einer weißgekleideten, schönen Frau gehabt haben, als sie von ihrer Lehrerin zum Blättersammeln in den Wald geschickt worden waren. Die Frau aus dem Licht hätte die Kinder sogar berührt, gleichzeitig habe ein Duft von Rosen und Weihrauch die Luft erfüllt. Drei Jahre müssen diese Erscheinungen regelmäßig wiedergekehrt sein, bis Maria am 31. Oktober 1952 nach Angaben der Seher-Kinder »in den Himmel geschwebt« sei.
Dabei hätten sie die Worte empfunden: »Ich bin immer bei euch, auch wenn ihr mich nicht mehr seht. Der Sieg wird unser sein!«
An der Stelle steht heute der Herz-Jesu-Altar, zu dem Menschen immer wieder pilgern, obwohl sich die offi-

zielle Amtskirche zum »Fall Heroldsbach« nur zögernd äußert. Phantastisch muten auch hier die Berichte über ein »Sonnenwunder« an, das etwa zehntausend Menschen am 8. Dezember 1949 gesehen haben wollen.
Ein damaliger Augenzeuge: »Der Himmel war bedeckt, da erschien plötzlich die Sonne. Sie leuchtete in den herrlichsten Farben, drehte sich und knisterte dabei. Wir haben das Schauspiel fast eine halbe Stunde lang beobachtet, ohne geblendet worden zu sein!«
Auch im vorwiegend islamischen Kairo wird im Herbst 1986 über das Erscheinen einer weiblichen Lichtgestalt diskutiert. Vier koptisch-orthodoxe Bischöfe, ein Priester und ein Laie kamen nach tagelangen Beratungen zu dem Schluß, daß sich in der kleinen Kirche St. Demiana im Norden der Millionenstadt die Mutter Jesu, eingehüllt in sehr helles Licht, gezeigt habe. Seitdem würden dort immer wieder spontane Heilungen von kranken Menschen registriert.
St. Demiana ist ein eher düsterer Ort, überfrachtet mit Ikonen, vor denen unzählige Öllampen brennen. Seit Hunderten von Jahren versammeln sich hier koptische Gemeinden, die – oft verfolgt und gedemütigt – Maria als Fürbitterin besonders verehren.
Fast zeitgleich zu den Ereignissen in Kairo wollen die Zwillinge Dino und Carmine Acquiva in Oliveto Citra, Süditalien, Kontakt zu einer »schönen Frau aus Licht« gehabt und den Dialog mit ihr auf Tonband aufgezeichnet haben. Der Pfarrer des Dorfes soll tief beeindruckt gewesen sein und das Material dem Vatikan zur Verfügung gestellt haben.
RTL-Redakteure haben sich telefonisch um die Tonbänder bemüht, deren Existenz in Oliveto Citra auch bestätigt wurde. Man wolle solch kostbares Material jedoch nicht dem »Mißbrauch der Medien« aussetzen, hieß es aus dem Gemeindehaus.

Eine heiße Quelle

Merkwürdige Vorkommnisse im Hinterhof

Die heute acht Jahre alte Roberta dell'Olio in Bisceglie hat die Visionen mehr oder weniger intensiv schon seit zwei Jahren. Wie wahrscheinlich es ist, daß ein Kind in diesem Alter von dem Geschehen in Lourdes, Heroldsbach oder Medjugorje weiß, kann jeder selbst beurteilen. Erstaunlich bleibt die Tatsache, daß die mit krakliger Kinderschrift niedergeschriebenen »Botschaften« bemerkenswerte Parallelen zu den Nachrichten aus den erwähnten Orten aufweisen. Weniger radikal als in Fatima, werden die Menschen zur Wandlung aufgefordert und zur Rückkehr zum Glauben, sonst würde eine große Gefahr auf die Erde zukommen, die schließlich unabwendbar wäre.
Das italienische Gesetz sieht vor, daß »Orte der Andacht« nicht in Privatbesitz sein können, sondern dem öffentlichen Recht zugeordnet werden müssen. Deshalb ist kein Grundstücksbesitzer an sakralen Handlungen auf seinem Gelände interessiert. Warum sollte der Eigentümer des Wohnblocks, zu dem das Grundstück mit dem Feigenbaum gehört, da eine Ausnahme machen? Er müßte um weitere Nutzungsrechte fürchten, wenn sein Besitz zum Wallfahrtsort würde. Also ließ er Anfang Herbst 1986 eine Planierraupe einsetzen, die den Feigenbaum samt anschließendem Stall mit Votivkerzen und Heiligenbildern einebnen sollte.
Das als geheime Nacht-und-Nebel-Aktion geplante Unternehmen wurde durch eine Indiskretion bekannt. Also standen über hundert wütende Einwohner von Besceglie bereit, die Arbeiter mit Schmährufen zu empfangen.

Dr. Anna Maria Turi berichtete uns über diese Aktion am Telefon: »Als der Fahrer der Raupe Vollgas gab, um auf einmal den Baum und das Gemäuer dahinter einzureißen, fühlte er plötzlich Schläge von unsichtbarer Hand. Deutlich konnte man sehen, wie er seine Arme abwehrend vors Gesicht hielt. Schließlich stoppte er die Maschine und sprang schreiend aus dem Führerhaus. Daraufhin stieg der Grundstücksbesitzer, ein süditalienischer Bauunternehmer, selbst auf den Bock. Er gab Vollgas. Die Leute johlten und schrien. Auch ein Wagen der Polizei war aufgetaucht. Dann konnten wir alle deutlich sehen, wie sich das Gesicht des Mannes verzerrte, als würde er von unsichtbaren Kräften geschlagen. Aber er ließ nicht locker. Mit ohrenbetäubendem Lärm riß die Raupe die Mauern ein und entwurzelte den Feigenbaum!«

Roberta, die dieses Vorgehen vom Balkon der elterlichen Wohnung verfolgte, begann zu weinen. Doch da geschah etwas Merkwürdiges: an der Stelle, an der noch vor Sekunden der Feigenbaum gestanden hatte, kam ein schmales Rinnsal aus der Erde. Heißes Wasser. Ein Wunder?

Dr. Anna Maria Turi: »Das Wasser fließt noch heute. Es hat sich ein Bach gebildet, der seinen Weg durch die Stadt ins nahegelegene Meer sucht. Warmes Wasser, das nicht aus einer vielleicht versehentlich angebohrten Leitung stammt!«

Roberta dell'Olio hat die Maria – oder wer sonst diese geheimnisvolle Frauengestalt gewesen sein mag – nie wieder gesehen.

Wie beurteilt Dr. Anna Maria Turi diese Erscheinungen,

In einem Heft hat Roberta die Botschaften der »Lichtgestalt« aufgeschrieben. Es sind Aufforderungen an die Menschen, ihr Leben zu überdenken und falsche Wege zu meiden.

Cari fratelli mi avete tradito non mi tro
più. 26 maggio 6/1986 Dettato da Cristo 24
di bisc.
Cari figli noi da su al paradiso soffriamo
molto, pregate 26 maggio. 1986 dettato dal
stelle 12 stelle

von denen sie die wichtigsten in Italien vor Ort genau untersuchte.
Turi: »Ich glaube, daß es ein übernatürliches Element gibt, das sich in der heutigen Zeit in der menschlichen Wirklichkeit zeigt. Besonders sensible Menschen und solche, die religiös erzogen und leidenschaftlich gläubig sind, empfangen dieses Etwas, das – ich möchte sagen – von oben kommt. Die Menschen der Mittelmeerländer sind dafür besonders empfänglich, wie die Berichte aus Jugoslawien und Spanien zeigen.«
»Sind die Erscheinungen der Madonna bei den unterschiedlichsten Personen und Personengruppen vergleichbar?»
Turi: »Ja. Zunächst einmal handelt es sich um sehr einfache Menschen, die nachweisbar keinen Kontakt untereinander haben und die in abgelegenen Dörfern wohnen wie in Kalabrien oder Sizilien. Das Muster der Marien- und Christus-Erscheinungen ist immer das gleiche. Seltsam ist der Umstand, daß diese visionären Menschen, wie die Jungen und Mädchen von Medjugorje, zuallererst am Himmel eine Wolke auftauchen sehen. So war es auch in Fatima. Die Kinder, Lucia und die anderen, sahen diese helle Form, diese Wolke, aus deren Mitte schließlich das Bild Mariens erschien und zu ihnen zu sprechen begann. Andere Merkmale wiederholen sich und sollten uns nachdenklich stimmen. Die Phantasie hat immer subjektive Charakteristika. Hier scheint es aber, daß wir es mit etwas Objektivem zu tun haben, das aufgenommen wird.«
»Und was stellt dieses ›Objektive‹ für Sie persönlich dar?«
Turi: »Ich glaube persönlich, daß an historisch wichtigen Stationen der Evolution, bei weltweiten Problemen und globalen Krisen, ein bestimmter Teil der Menschheit sensibler reagiert. Wir sind bei einer seltenen Wandlung des Denkens und Fühlens angekommen, wie es typisch ist

am Ende eines Jahrtausends. Mediale Menschen mit der besonderen Gabe der Sensitivität geben ihren Beitrag zur Sinneswandlung weiter, indem sie eine göttliche Botschaft aus sich heraus verkünden. Wahrscheinlich wird hier das Göttliche sichtbar, das sich in jedem von uns manifestiert. Wir alle müssen diese Phänomene sehr aufmerksam beobachten, sie in unser Denken einbeziehen und auf keinen Fall unterbewerten!«

Was meint der Theologe zu den merkwürdigen Vorkommnissen von Bisceglie?

Dr. Bert Gruber: »Zunächst einmal möchte ich darauf hinweisen, daß in dem Zeugnis von Roberta der Bezug zu Jesus hergestellt wurde. Dies scheint mit sehr wichtig. Marienverehrung hat immer entscheidend mit Jesus zu tun. Maria wird von Anfang an als Mittlerin zwischen den Menschen und Jesus Christus verstanden, als Zubringer, als Weg zum Göttlichen. Alle Formen von Marienverehrungen, die sich sozusagen verselbständigen, die versuchen, nur noch die junge Frau aus Nazareth in den Mittelpunkt zu stellen, sind von der biblischen Auslegung her ein Irrweg. Viele Zeitgenossen mit positivistischer Einstellung setzen hier ihre Kritik an, das sei alles Personenkult, Kommerzialisierung und auf unbeweisbare Vorgänge zurückzuführen. Sie vergessen aber, daß es im Kern von der Botschaft des Neuen Testamentes her darauf ankommt, die Bedeutung Marias für einen neuen Zugang zu Jesus Christus zu verdeutlichen. Es geht immer darum, die Persönlichkeit Jesu für den Menschen sichtbar zu machen. Und es ist bezeichnend, daß Jesus immer, wenn er Menschen begegnet – und im biblischen Sinne ein Wunder realisiert –, diesen Menschen einen qualitativ neuen Lebensanfang ermöglicht. Es ändert sich etwas Grundlegendes, etwas Existentielles im Leben dieser Menschen!«

Psychologen, die den Lebensweg von Menschen nach einem für sie ungewöhnlichen paranormalen Erlebnis verfolgen, sprechen gerne von »Transformation«, von einer Umwandlung. Vorwiegend materiell eingestellte Zeitgenossen verlagern ihre Interessen dann in den irrationalen, oft spirituellen Bereich.

Manipulation der Außerirdischen?

Die kühne These eines Geologen

Die Marien-Erscheinungen von Fatima und alle damit verbundenen Phänomene sind ein gigantisches Experiment außerirdischer Intelligenz. Der Bericht über Roberta in Bisceglie bliebe unvollständig, wenn wir diese kühne These des deutschen Diplom-Geologen Johannes Fiebag nicht registrieren würden.
Fiebag, ein stiller, engagierter Wissenschaftler, studierte neben Geologie und Paläontologie auch Physik und Geographie an der Universität in Würzburg. Seine Karriere ist deshalb erwähnenswert, weil hier nicht irgendein Amateur-Phantast am Werk ist, sondern einer, der mit wissenschaftlicher Akribie Fakten und Daten zusammengetragen hat. Natürlich werden nicht nur gläubige Katholiken, sondern auch neuzeitliche Mystiker auf seine Theorien wütend reagieren.
Über Jahre hinweg hat Fiebag Aussagen über die Marien-Erscheinungen von Fatima gesammelt und mit Berichten über UFO-Sichtungen der letzten Jahre verglichen. Aus kleinen Mosaiken entstand nun das sensationell anmutende Bild: Die »heilige Jungfrau« war eine technisch erzeugte Projektion, bei der uns unbekannte fremde Intelligenzen einen Versuch über die Manipulierbarkeit von Erdenmenschen starteten.
Der Würzburger Geologe hat seine Vermutungen zum ersten Mal in der RTL-PLUS-Sendung »Unglaubliche Geschichten« erläutert. Er sucht zu allen beschriebenen Vorgängen um die »Wunder von Fatima« Parallelen in der UFO-Literatur. Dabei geht er davon aus, daß alles Wunderbare und Unerklärliche erst einmal religiös eingeordnet wird.

Wenn eine relativ hochstehende Kultur mit einer relativ niedrigstehenden Zivilisation in Kontakt gerät, entstehen Sagen und Mythen. Kolumbus wurde von den Bewohnern der Bahamas begrüßt, als sei er der langerwartete göttliche Bote. Die spanischen Eroberer hatten in Südamerika deshalb ein leichtes Spiel, weil Inkas und Mayas sie für Abgesandte der Götter hielten.
Ist es deshalb verwunderlich, fragt Fiebag, wenn einfache Hirtenkinder aus Portugal eine für sie unverständliche Erscheinung in den Bereich des Göttlichen rückten?
Dazu der Astronom Arthur C. Clarke: »Eine genügend hochentwickelte Technologie ist von Magie nicht mehr zu unterscheiden!«
Was ist in Fatima geschehen? Bereits im Jahre 1915 berichten die Kinder Jacinta, Francisco und Lucia von geisterhaften Erscheinungen. Ihre Eltern, ihre Freunde, ja sogar ihre Lehrer, lachen sie aus. Die Kinder werden immer verstörter, sie schließen sich enger zusammen und sprechen nur noch untereinander über ihre Erlebnisse.
Fiebag: »Alles deutet darauf hin, daß die Kinder observiert wurden. Wer es auch immer gewesen sein mag, man hat sich mit der Auswahl der Versuchspersonen Zeit gelassen!«
Dreimal während des Jahres 1916 berichten die Kinder von einem Engel, der ihnen erschienen sei und eine Hostie überreicht habe.
Für Fiebag ist dieser Engel eine im »3-D-Verfahren« projizierte Lichtgestalt.
»Bei diesen Begegnungen wurden die Kinder untersucht, man analysierte ihr Wissen, ihre Vorstellungen und ihre Phantasie. Das überreichte Mittel ist eine Droge. Denn die Kinder berichten, daß sie sich nach der Begegnung mit dem Engel nicht konzentrieren konnten und auch kein Zeitgefühl mehr hatten«, erklärt Fiebag.
In der UFO-Literatur gibt es ähnliche Berichte, in denen

von Begegnungen mit angeblich Außerirdischen die Rede ist.
»Bis zu Beginn der eigentlichen Marien-Erscheinungen wurden die Kinder suggestiv – vielleicht unter Hypnose – auf das Ereignis vorbereitet«, berichtet Fiebag.
Und tatsächlich: Am 13. Mai 1917 beginnt für Jacinta, Francisco und Lucia eine Reihe von Ereignissen, die ihr Leben total verändern sollten und die den kleinen portugiesischen Ort Fatima zu einem der größten Wallfahrtsorte der Welt machten.
Aus einer Wolke erschien eine schöne Frau, die – nur für die Kinder sichtbar – mehrere Botschaften verkündete. Um diesen Visionen eine gewisse Glaubwürdigkeit zu geben, geschah am 13. Oktober 1917 auf einem von heftigem Regen durchnäßten Feld auf der Cova da Iria ein Wunder. Graue Wolken zerteilten sich, der Regen hörte auf und eine helle Scheibe begann zu rotieren. Die meisten der Augenzeugen fielen auf die Knie und beteten. Ein ähnliches Phänomen kennen wir ja schon von Medjugorje und Heroldsbach. Duplizität der Ereignisse?
Fiebag: »Die Beschreibung dieser diversen Sonnenwunder ähnelt Hunderten von Berichten über UFO's. Die Menschen sollten durch das extraterrestrische Raumschiff beeindruckt und die Kinder in ihren Aussagen bestätigt werden.«
Nach diesem »Wunder« passierte in Fatima nichts Phänomenales mehr, aber sehr viel Ungewöhnliches.
Im Verlauf von zwei Jahren starben die beiden Haupt-Augenzeugen Jacinta und Francisco. Offiziell wird die Todesursache mit der »spanischen Grippe« angegeben, einer Krankheit, die damals in Europa kursierte. Die Symptome freilich entsprachen nicht dem vorherrschenden Krankheitsbild. Gerade Jacinta wurde mehrmals operiert, bevor sie starb.
Fiebag: »Wenn wir davon ausgehen, bei der Lichtgestalt habe es sich tatsächlich um die heilige Maria gehandelt,

so ist es nur schwer verständlich, warum Gott die von ihm für eine so wichtige Mission ausgewählten Kinder so grausam und offensichtlich von Anfang an geplant hat sterben lassen.«

Fiebag ist eher der Meinung, daß die Kinder mit dem radioaktiven Antriebssystem der außerirdischen Flugmaschine oder mit anderen unbekannten Strahlen Kontakt hatten.

Lucia, die heute als alte Frau in einem Kloster lebt, sollte offenbar von Anfang an verschont bleiben und hat – so Fiebag – von dem zuvor erschienenen »Engel« eine Art Vorbeugungspräparat erhalten.

Während der fünften Erscheinung am 13. September 1917 war unter anderen auch der Generalvikar von Leiria, Jean Quaresma, zugegen. Er erwähnt in einem ausführlichen Bericht, der Himmel sei völlig wolkenlos gewesen, als sich die Blicke der Menschen plötzlich auf einen bestimmten Punkt am Firmament richteten.

Quaresma: »Zu meiner größten Überraschung erblickte ich klar und deutlich eine leuchtende Kugel, die sich von Osten her nach Westen näherte, indem sie langsam und majestätisch durch den Raum glitt.«

Leuchtende Kugeln, so analysiert Johannes Fiebag, die durch die Luft gleiten, gehören zu den häufigsten Berichten über Begegnungen der sogenannten ersten Art. In dem Knaur-Taschenbuch »Unglaubliche Geschichten« berichtet RTL-Hörer Herbert Venske aus Höxter ausführlich über eine solche Beobachtung.

Doch nicht nur die Kugel-Erscheinung und das von vielen Menschen – wie auch in Heroldsbach und Medjugorje – bezeugte »Sonnenwunder« gehört zu den Merkwürdigkeiten von Fatima. Auch von sogenanntem »Engelshaar, einer weißen, spinnwebähnlichen Substanz« ist die Rede, das zuweilen in großen Mengen vom Himmel gefallen sei.

Tausende von Menschen konnten – laut Nachforschungen von Johannes Fiebag – ein ähnliches Phänomen während eines Fußballspiels am 27. Oktober 1954 in Florenz beobachten. Zu gleicher Zeit zog ein für alle sichtbares unbekanntes Flugobjekt über die Stadt am Arno.

Auch das Auftreten einer weißen Wolke – wie in Bisceglie – war in Fatima mehrfach zu beobachten. Ähnliche Augenzeugenberichte werden von anderen »Marien-Erscheinungen« geliefert. Mit den Details von Lourdes, Altötting oder Tschenstochau hat sich Fiebag noch nicht beschäftigt. Die Berichte über die Erscheinungen von Medjugorje allerdings weisen oft bis ins kleinste Detail die Muster von Fatima auf. Nur daß hier nach Erscheinen der »Frauengestalt aus einer weißen Wolke heraus« keine Todesopfer zu beklagen sind.

Als Johannes Fiebag vor Erscheinen seines Buches diese aufsehenerregenden Theorien in der RTL-Sendung vortrug, trafen die Protestbriefe stapelweise ein: Indiz für einen Schock, den viele gläubige Menschen erleiden, wenn alte Dogmen ins Wanken geraten.

Hauptargument der Briefeschreiber: Wenn Außerirdische dieses Experiment inszeniert hätten, warum werden in Fatima so viele kranke Menschen spontan geheilt?

Fiebag: »Das eine hat mit dem anderen nichts zu tun. Wenn ein Ort oder ein Mensch erst einmal eine bestimmte Faszination erlangt hat, wird er zum Transformator für unser Unbewußtes. Wir sprechen von einer Heilung im affektiven Feld, oder anders gesagt: es ist der Glaube, der Berge versetzen und Menschen gesund machen kann!«

Und wie ist es mit den geheimen Botschaften von Fatima, die angeblich der Vatikan besitzen soll?

Fiebag: »Alle Marien-Botschaften gleichen sich. Die Menschen sollen sich auf die wahren Werte der Welt und des Lebens besinnen. Und im dritten Geheimnis von Fatima – das noch nicht veröffentlicht ist – bekennen sich vielleicht die Auftraggeber als Angehörige einer außerirdischen Zivilisation. Wenn es aber Menschen gibt außerhalb der uns bekannten Welt, dann verstößt eine solche Wahrheit gegen die Glaubenslehre von unserer Einzigartigkeit. Dies kann der Grund sein für das Schweigen von Rom!«

Tullias nächtliche Gespräche

Nachrichten von Menschen aus der Antike

Das italienische Staatsfernsehen RAI, aber auch die zahlreichen Privatsender, widmen den parapsychologischen Phänomenen ganze Serien zur besten Sendezeit. In dem von katholischen Mysterien und frühen heidnischen Götterkulten überfrachteten Land kommt es immer wieder zu öffentlichen, leidenschaftlich ausgetragenen Pro- und Contra-Diskussionen. Wie auch immer die einzelnen Themen bewertet werden, der Umgang mit Parapsychologie ist offener geworden. Esoterik als Geheimwissenschaft hat ausgespielt.

Es gibt kaum noch ein »okkultes Geheimtreffen«, zu dem man mit etwas Geschick nicht Zutritt fände.

In Florenz existiert das »Cerchio 77«, eine seit Jahren regelmäßig stattfindende Zusammenkunft medial begabter Menschen. Das Hauptinteresse gilt dem Spiritismus, und in jeder Sitzung empfangen die Teilnehmer »Botschaften aus dem Jenseits«, die oft – nach ihrer Aussage – von »Entitäten« (Bewohner anderer Bewußtseinsebenen) persönlich überbracht werden. Dabei geht es nicht immer feierlich zu, weil »auch Geister Humor haben und sie ihren Schabernack mit uns treiben«, sagt ein Teilnehmer.

Ihm sei zum Beispiel kürzlich sein Taschentuch von unsichtbarer Hand um den Hals geknotet worden.

Es kommt noch besser. Eine Hunderte von Kilometern entfernt wohnende Frau schilderte Wochen später in einem Telefongespräch mit dem Genueser Physiker und Parapsychologen Alfredo Ferraro genau dieses Erlebnis mit dem Taschentuch an diesem Abend in Florenz, ohne damals dabeigewesen zu sein.

Ferraro, der selbst Augenzeuge der florentinischen Experimente gewesen war, konnte nachweisen, daß diese Frau zu keinem der damaligen Teilnehmer Kontakt gehabt hatte.
Die Frau, Oriele Bertoli, erklärte dem verblüfften Wissenschaftler, daß sie als »Bilokation« an dem Treffen teilgenommen habe.
»Bilokation« soll die Fähigkeit sein, als lebender Mensch an zwei oder mehr Orten gleichzeitig zu sein. Parapsychologische Forscher kennen entsprechende Berichte aus allen Erdteilen und Epochen. In der Antike wurde diese Begabung Apollonius von Tyana, Aristeas und Pythagoras zugeschrieben. In christlichen Überlieferungen wird diese Kunst des schnellen Reisens vielen Heiligen bestätigt wie dem Antonius von Padua, dem Severus von Ravenna und den Heiligen Ambrosius und Clemens. Auch der legendäre, erst in diesem Jahrhundert verstorbene Pater Pio soll diese Begabung besessen haben.
Von Bedeutung könnte sein, daß wiederholt berichtet wird, zu der Zeit, als der »Doppelgänger« unterwegs gewesen sei, hätte der Betreffende in »tiefem Schlaf« oder »totenstarr« im Bett gelegen und nach dem Erwachen die Erlebnisse an dem anderen Ort genau geschildert. Auch hier gibt es verschiedene parapsychologische Erklärungsmöglichkeiten, die allerdings nicht befriedigen können. Von der »physischen Anwesenheit eines materiellen Substrats« ist ebenso die Rede wie von einer »bloßen optischen Erfahrung des Betrachters« oder der »telepathischen Information«.
Erwähnenswert ist in diesem Zusammenhang auch das junge Ehepaar Tullia und Gian Franco Salaris aus Ligurien, die beide ein abgebrochenes Psychologie-Studium hinter sich haben und fast gleichzeitig ihre ersten paranormalen Erlebnisse hatten.
Tullia Salaris fiel am Abend ihres zweiundzwanzigsten

Geburtstags ganz plötzlich in Trance und begann, mit dem Kugelschreiber, mit dem sie gerade ein Kreuzworträtsel gelöst hatte, seltsame Texte zu schreiben. Abend für Abend wiederholte sich das Schauspiel. Interessant für den beobachtenden Ehemann war das sich ständig ändernde Schriftbild der Botschaften. Mal war es Schreibschrift, die nach links abfiel, dann neigten sich Worte und Sätze deutlich nach rechts, dann wieder wurden Druckbuchstaben verwendet oder auch nur Kleinbuchstaben.

»Es waren Nachrichten aus einer längst vergessenen Zeit«, sagt Gian Franco Salaris. »Viele dieser Entitäten stammten aus dem antiken Rom. Dabei meldete sich eine ehemalige Sklavin ziemlich häufig, die sich als Kontrollgeist von Tullia vorstellte!«

Eines Tages wurde das Ehepaar Salaris in Trance aufgefordert, das Fernsehgerät auf einen ganz bestimmten Privatsender einzustellen, der gewöhnlich nie angewählt wurde, weil der Empfang zu schlecht war. An diesem Abend startete gerade der Parapsychologe Alfredo Ferraro eine Sendereihe über sein Fachgebiet. Dermaßen von unsichtbarer Hand gelenkt, nahmen die Salaris Kontakt zu Ferraro auf, der seitdem viele Versuche mit dem medial begabten Paar gemacht hat.

Hauptbeschäftigung von Tullia und Gian Franco war das Empfangen, Notieren und Analysieren medialer Kundgaben, die sich ähnlich wie bei Milly Canavero mit spirituellen Lehren auseinandersetzten. Oft wurde Gian Franco Salaris nachts wach, weil seine Frau laut im Traum sprach.

»Sie führte Gespräche mit ihrem Kontrollgeist, bei denen ich jedoch nur ihren Part hören konnte. Ich nahm daraufhin ihre Stimme auf Tonband auf und schrieb ihre Aussagen als Protokoll nieder, wobei sie im Wachzustand den mir fehlenden Teil aus der Erinnerung ergänzte«, berichtet Gian Franco.

Diese Aufzeichnungen können sicherlich ein Studium der psychologischen Mechanismen von medialen Kundgaben ergänzen. Tullia will allein sechzig ausführliche Gespräche mit einer früheren Inkarnation, also einer ihrer Teil-Persönlichkeiten, geführt haben.
Salaris: »Am Anfang war alles wie ein Spiel. Aber je mehr wir Interesse an diesen Dingen fanden, desto mehr interessierte mich, woher nun diese Informationen stammen.«
Er macht unzweideutig klar, daß er einer spiritistischen Interpretation näher steht als jeder anderen.
Den Parapsychologen Ferraro fasziniert eine andere Begabung Gian Francos besonders: In letzter Zeit melden sich durch ihn kürzlich verstorbene Menschen, die ihre Namen angeben, ihre Todesursache und andere, ganz persönliche Umstände. Einen Nachteil freilich haben die mit großer Übereinstimmung mit der Wirklichkeit vorgetragenen Visionen: Sie könnten in nicht allzu alten Zeitungen gestanden haben.
Ohne Gian Franco Salaris unlautere Absichten unterstellen zu wollen, können in einem Ausnahmezustand wie dem der Trance einmal gelesene, längst vergessene Informationen mit überraschender Klarheit reproduziert werden. Einmal beschrieb er automatisch eine faszinierende, bizarre Welt, die utopische Vision eines fremden Planeten. Später fand er diese Darstellung in allen Einzelheiten in einem Science-fiction-Roman wieder, den er freilich vorher nie gelesen hatte.
Bei einer Vorbesprechung im Haus von Alfredo Ferraro wurden wir Zeugen einer spiritistischen Sitzung, bei der sieben Männer und Frauen um einen runden Tisch saßen, unter ihnen auch das Ehepaar Salaris und das in der Gegend bekannte Medium Sandra Rossi.
Die Séance war reich an spektakulären Phänomenen, die einem Filmregisseur zu neuen Einfällen verhelfen könnten. Frau Rossi sprach mit unterschiedlichen Stim-

men, mal als Kind, als Greisin, als Mann. Eine andere Teilnehmerin begann plötzlich das Porträt einer Frau zu zeichnen, das daraufhin als Abbild einer »jenseitigen Wesenheit« interpretiert wurde. Gian Franco Salaris schrieb pausenlos, offensichtlich unkontrolliert, einen Text, der eine sizilianische Blutrache behandelte.

Welche Bedeutung diesen Phänomenen zukommt, ist schwer zu beurteilen. Die Teilnehmer selbst sind von der Echtheit ihrer »Manifestationen« überzeugt, obwohl hier hysterische Überreaktionen nicht auszuschließen sind. Eine enorme Erwartungshaltung produziert sicher zusätzliche – vielleicht unbewußt ausgelöste – Aktionen.

Gastgeber Ferraro: »Die Vielfalt der von mir beobachteten Phänomene im Bereich des Mediumismus läßt für eine endgültige Stellungnahme noch alles offen. Ich glaube aber, daß eine spiritistische Interpretation in vielen Fällen eher in Frage kommt als jede andere!«

Ein anderer, für die italienische Parapsychologie interessanter Mann, neigt ebenfalls eher zu spiritistischen Erklärungen vieler paranormaler Erscheinungen: Graf Lelio Galateri di Genola. Seine Mutter war medial begabt und hatte als Hellseherin einen guten Ruf. Der Vater hat sich selbst als Parapsychologe ausgebildet, zumal er in der Familie schon mit Forschungsobjekten versorgt war. Als achtjähriger Junge produzierte Galateri de Genola in Anwesenheit von Eltern und Bekannten während einer spiritistischen Sitzung einen handfesten Poltergeist, der fast die ganze Einrichtung des Zimmers demolierte. Der Graf ist überzeugt, daß er damals dieses destruktive Phänomen mit der Kraft seiner Gedanken – also psychokinetisch – ausgelöst hat.

Später trug er sich mit dem Gedanken, auf Palmarola eine Insel des Friedens und der Brüderlichkeit zu gründen. Das kühne Projekt scheiterte an Geldmangel.

Graf Galateri de Genola: »Wir befinden uns in einer Zeit der Veränderungen. Ein Wiedererwachen der Sensibilität in der Welt kann nicht übersehen werden. Und es gibt Elemente, von denen kosmische und irdische Strahlung permanent Informationen auf die alten menschlichen Gehirnteile übertragen.«

Galateri erläutert, wie er sich eine »Evolution der Materie« vorstellt, die seiner Meinung nach unbedingt notwendig ist.

Und die Parapsychologie?

»Parapsychologie darf auf keinen Fall eine neue Religion werden. Das wäre schrecklich. Wir müssen zu einer Kombination von Religion und Wissenschaft finden, um den Menschen aus seinen alten Denkmustern zu befreien. Der Mensch muß endlich das Gefühl seiner Nützlichkeit spüren.«

Nach Galateri trägt der Mensch eine magische Realität in sich, die nicht aufdeckbar ist. Diese Eigenschaft bringe ihn erst in die Nähe des Kosmos. Die magische Realität im Menschen habe die Möglichkeit, die künstlichen Trennungen in der Welt, die als Dualitäten erlebt werden, wie positiv–negativ, mehr–weniger, männlich–weiblich, wieder zu einer geschlossenen Schöpfung zu vereinen.

Durch eine Evolution dieser »binären Gesetze« könne eine Synthese erreicht werden. Galateri versteht in einem schwer nachvollziehbaren Gedankengang diese Evolution als eine Hinentwicklung auf eine absolute Schwingung der Materie.

»Die menschliche Evolution besteht darin, seine eigene Schwingung auf die absolute Schwingung zu bringen, wobei diese absolute Schwingung reine Energie ist.«

Galateris Thesen sind verwirrend, bringen ihn aber in die Nähe neuer Forschungsergebnisse zum Beispiel des französischen Physikers Jean Charon und seines Landsmannes, des Physiologen Michel Jouvet.

Eine ganz besondere Rolle im Hinblick auf die paranormalen Ereignisse spielt für Galateri der stammesge-

schichtlich alte Teil des menschlichen Gehirns. Für ihn ist dort der Auslöser aller paranormalen Phänomene zu suchen und ebenso der Grund für ihre Nicht-Wiederholbarkeit. Letztere hängt nach Galateri mit der Komplexität des menschlichen Gehirns eng zusammen.
Auch hier ist der Genueser Parapsychologe nicht weit von seinen Kollegen entfernt. Für den bekannten amerikanischen Parapsychologen William Roll sind Hirnfunktionsstörungen für jede Art von Spuk verantwortlich, und für viele Theoretiker der Parapsychologie scheint die Vielgestaltigkeit des Gehirns eine wichtige Größe für das Verständnis von paranormalen Ereignissen zu sein.

Die Stimmen aus Grosseto

Morsezeichen aus dem Reich der Toten?

Überlebt der Mensch seinen Tod? Ist der Geist unsterblich? Gibt es ein Leben vor dem Leben? Und existiert ein Jenseits? Zu allen Zeiten haben sich die Menschen diese Fragen gestellt. Fast immer haben sie darauf eine Antwort erhalten: Aussagen von Orakeln und Medien, Erleuchteten und Weisen. Fast identisch sind die Berichte aus den unterschiedlichen Kulturregionen, wie zum Beispiel im ägyptischen und tibetanischen Totenbuch.
In den fünfziger Jahren erhielt der Schwede Friedrich Jürgenson beim Aufzeichnen von Vogelstimmen mysteriöse, fast gehauchte Mitteilungen auf Tonband. Inzwischen gibt es überall auf der Welt Experimentatoren, die mit verschiedenen technischen Hilfsmitteln versuchen, Kontakte zu Verstorbenen aufzunehmen. Basismaterial ist das Tonband, dessen Trägerschicht von einer unbekannten Energie beeinflußt werden kann. Sagen die Forscher.
Allein in der Bundesrepublik gibt es zwei Vereine mit Hunderten von Mitgliedern, die in reger Kommunikation mit dem »Jenseits« stehen.
Meist ist die Trauer um verstorbene Angehörige der Grund für dieses spirituelle Interesse. In Mailand veranstaltet Virginia Ursi aus Venedig in jedem Jahr einen Kongreß für Tonbandstimmenforscher aus ganz Europa. Frau Ursi hat vor Jahren ihren Sohn Umberto verloren, mit dem sie jetzt einen regen Gedankenaustausch pflegt. »Er ist nicht tot, er lebt wie wir, nur ohne Körper in einer anderen Ebene unserer Existenz«, sagt sie.
Der Mainzer Physikprofessor Dr. Ernst Senkowski ist

seit Jahren ein geneigter, aber auch kritischer Beobachter der »Tonbandstimmen-Szene«.
Senkowski: »Das Phänomen ist da, die Stimmen sind hörbar. Zwischen Jenseits und Diesseits scheint sich eine technisch gestützte Transkommunikation aufzubauen!«
Während konservative Parapsychologen die Stimmen eher animistisch gedeutet wissen wollen, neigen ihre jüngeren Kollegen mehr zu spiritistischem Ursprung. Einfacher gesagt: Kommen diese merkwürdigen akustischen Signale aus dem eigenen Unterbewußtsein der Experimentatoren, oder sind es tatsächlich die Aussagen von verstorbenen Menschen?
Auf dem von Virginia Ursi in Mailand veranstalteten Kongreß konnte der Mönchengladbacher Elektronik-Tüftler Hans-Otto König seinen italienischen Kollegen erstmals den von ihm entwickelten Stimmengenerator vorstellen, mit dessen Hilfe eine Art Dialog zwischen Jenseits und Diesseits hergestellt werden soll. König, der mit seinem Gerät bei Vorführungen in Deutschland bereits beträchtliches Aufsehen erzielt hatte, war auch in Mailand erfolgreich. »Italienische Stimmen« sprachen Teilnehmer im Saal an, wobei auch Namen genannt und auf Ereignisse hingewiesen wurde, die König nicht hat wissen können.
Unweit von Livorno liegt die Provinzhauptstadt Grosseto. Dort betreibt Marcello Bacci ein Elektrogeschäft. Der vitale, freundliche Mann gilt als italienischer Star der elektronisch aufgebauten Transkommunikation mit dem Reich der Toten. Seit sein Sohn vor fünfzehn Jahren gestorben ist, sind die technisch gestützten Kontakte zu anderen Daseinsebenen sein Lebenswerk. Dankbar nahm denn auch Professor Senkowski eine Einladung nach Grosetto an und wurde in dem kleinen Labor von Bacei an einem Juniabend Augen- und Ohrenzeuge seltsamer Ereignisse.
Aus dem Lautsprecher eines Kurzwellenempfängers

wurde er direkt und unter Verwendung nur ihm bekannter Einzelheiten angesprochen. Die Fragen der Experimentatoren wurden dabei ebenso aufgezeichnet wie die Antworten der unbekannten, im Jenseits zu vermutenden Gesprächspartner. Ein Oszilloskop erlaubte die optische Beobachtung der Signale.

Ernst Senkowski hat später die Aussagen protokolliert und dabei etwa fünfzig Worte auf Italienisch und etwa 25 Worte auf Deutsch registriert. Am Abend darauf waren die unsichtbaren Partner gesprächiger. Senkowski hat 200 Worte in Italienisch und etwa 170 Worte in Deutsch gezählt.

»Die Inhalte sind spiritueller Natur«, erklärt der Professor. »Häufig wird das Problem der Transkommunikation angesprochen. Unverkennbar eindeutig sind Namensnennungen und Bezüge zu direkt angesprochenen Personen und Situationen. Sie, wie auch die sinnvolle Beantwortung von Fragen der Anwesenden, schließen eine ›normale‹ Verursachung aus!«

In keiner Sprache folgen die paranormalen Aussagen den Regeln der jeweils gültigen Grammatik.

Senkowski: »Es sind manifestierte Gedanken von Wesenheiten, die zur Übermittlung von Botschaften das Instrument der Sprache nicht benötigen. Wir protokollieren gewissermaßen hörbar gemachten Geist!«

Hier einige deutliche Aussagen in der deutschen Übersetzung:

»Es ist ein Instrument, das wir seit Jahrhunderten benutzen, das aber in grundlegender Weise die moderne Epoche charakterisiert«

»Was Liebe hier tut, aus meiner Sicht, wird tragen!«

»Was geschieht an der Grenze des Lebens?«

Verblüfft reagiert Senkowski auf einen Satz in deutscher Sprache: »... in seinen späteren Versuchen, den anderen Menschen von seinem Erlebnis zu berichten, trifft er auf große Schwierigkeiten ... «

Es ist nicht klar, wer damit angesprochen werden sollte. Die ohne Pausen aneinandergereihten Worte kennzeichnen jedoch die typische Situation der »Tonbandstimmenforscher«, die außerhalb ihrer sie schützenden Gemeinschaft oft verspottet und belächelt werden.
Den an diesem Abend aufgezeichneten Satz: »Die Abstellkammer ist das letzte...« deutet Senkowski auf die in Deutschland weitverbreitete Praxis von Krankenhäusern, Sterbende in »Abstellkammern« abzuschieben.
Als bei den Versuchen im Labor von Marcello Bacci nach den oft verzerrten, monoton klingenden Stimmen auch Morsezeichen hörbar werden, verschieben die Anwesenden die Versuche auf den nächsten Abend, zu dem ein Funker eingeladen werden soll.
Tatsächlich entziffert der aus Pisa herbeigerufene Telegraphist Augusto del Chicca die aufgezeichneten Morsesignale als Worte, die offensichtlich dem kleinen Kreis um Marcello Bacci gewidmet sind.
Wieder wird der Kurzwellenapparat eingeschaltet. Augusto del Chicca bittet mit der mitgebrachten Morsetaste um Verbindung: »Pse qso?«
Die entschlüsselte Antwort kommt in Englisch, Deutsch und Spanisch und lautet:
»gentlaness pe... del chicca fala nuestra mogliphmeit oneindige mccanismo tu man codizonato processo di maturazione langsam pflegen... «
Professor Senkowskis Kommentar dazu:
»gentlaness / gentleness = Freundlichkeit = ENGLISCH
mogliphmeit = Möglichkeit = DEUTSCH
nuestra = unsere = SPANISCH
oneindige = diese Buchstabenfolge wurde ohne Pausen durchgegeben. Daher ist eine Worttrennung nicht unmittelbar möglich. Wahrscheinlich ist es ein Bezug auf Dante und die Passage ›ond'egli indige‹ = dessen er bedarf.
codizonato = codiert? = ALT-ITALIENISCH«

Die Fragmente der telegraphischen Nachricht bilden also diesen Satz:
»Freundlichkeit... del Chicca macht/die unsere Möglichkeit... benötigt Mechanismus deine Hand kodiert (?) Prozeß der Reife langsam pflegen.«
Die direkte Ansprache des Funkers del Chicca und die sinnvolle Aussage »Prozeß der Reife langsam pflegen« deuten auf eine gezielte Nachricht an die Experimentatoren. Von wem auch immer.
Professor Senkowski: »Zu allen Zeiten gab es Kontakte mit anderen Daseinsebenen. In unserer elektronisch orientierten Epoche kann jeder mit Tonband oder Kassettenrecorder seine eigenen, spirituellen Erfahrungen machen. Wichtig scheint mir jedoch eine gewisse Offenheit dem Phänomen gegenüber und ein vom Gefühl der Liebe getragenes Interesse!«
Mit anderen Worten: Nicht nur die Technik spielt eine Rolle bei solchen Kontakten, sondern auch die geistige Einstellung des Experimentators.
Marcello Bacci in Grosseto scheint ein solches Medium zu sein, dessen Wirken auch von Wissenschaftlern beobachtet wird. Carlo M. Trajna hat Baccis »Jenseitskontakte« über Jahre hinweg kritisch begleitet.
Trajna: »Wer sind die Kommunikatoren auf der anderen Ebene? Sie sagen, sie seien Verstorbene, die in einer diskontinuierlichen Seinsebene angesiedelt sind!«
Aufgezeichnet wurde zum Beispiel der Satz:
»Sehr unzusammenhängend unsere Ebene«
Diplom-Ingenieur Trajna hat in den Hunderten von Protokollen Wortschatz und syntaktische Formen der »Gesprächspartner« analysiert. Er ist zu dem phantastisch anmutenden Schluß gekommen, daß sich hier eine Gruppe von »Wesenheiten« meldet, die zu Lebzeiten im Italien des dreizehnten Jahrhunderts angesiedelt gewesen sein müssen. Allerdings scheinen sie genaue Kenntnisse unserer gegenwärtigen Kultur zu haben.

Trajna: »Bei Bacci sind immer die gleichen Stimmen hörbar. Zu unterscheiden sind sechs oder sieben männliche und weibliche Stimmen. Oft wird der Name ›Alan Cordula‹ genannt, der meiner Ansicht nach ein Anagramm, ein Buchstabenversetzungsrätsel des wirklichen Namens ist.«

Die unsichtbaren Gesprächspartner betonen immer wieder, den Kontakt mit Marcello Bacci und seinen Freunden absichtlich aufgenommen zu haben und sich dabei gewisser neuzeitlicher Kenntnisse zu bedienen. Zitat:

»Ich möchte ausbeuten einen gemeinsamen wissenschaftlichen Trick ... «

Bacci hat immer wieder Botschaften, die auf das Ziel der mysteriösen Persönlichkeiten hindeuten. Danach heißt es, daß man »den Getrennten Trost« bieten wolle, also offensichtlich Trauernde anspreche.

Zitate: »Tröstet euch. Es ist nützlich. Sie müssen machen ... «

»Unsere Begegnungen eine Hoffnung. Brücke sehr interessant«

Auf die Frage, welche Bedingungen für einen Kontakt existieren müssen, kam eine eindeutige Antwort:

»Die Bedingung zu hören ist allein diese: Spiritualität«

Warum Bacci und seine Gruppe ausgewählt wurden, erklärt die Antwort:

»Glückliche des Karma. Es ist ein Glück. Bestimmung. Zeichen des Schicksals.«

C. G. Jung hat gesagt, daß wir auch in diesem Leben schon mit anderen Daseinsebenen verbunden sind. Und je eher wir den Tod akzeptieren als eine Notwendigkeit des Lebens, desto besser werden wir das eigene Sterben, aber auch den Abschied von lieben Menschen bewältigen.

Dazu ein Satz aus den Grosseto-Protokollen:

»Früher oder später, jeder muß machen den Hinübergang!«

Carlo M. Trajna: »Die unbekannten Kommunikatoren beweisen immer wieder, daß sie alles sehen und hören, was bei den Experimenten geschieht. Sie demonstrieren auch, daß sie genau wissen, was die Anwesenden denken. Während einmal Bacci den Finger an den Oszillator hielt, kam der deutliche Kommentar: ›Du machst Versuch, wir beobachten.‹«
In den Bacci-Protokollen findet sich auch die Frage nach dem »Phänomen des Todes« und die sofort erfolgte paranormale Antwort:
»Du findest dich schnell hier...«
Auf die Frage, ob es eine Wiedergeburt des Menschen gebe, scheinen die mysteriösen Gesprächspartner ausweichen zu wollen und mit dem Ende des Kontaktes zu drohen:
»Ich schließe, wenn Sie danach fragen...«
Natürlich interessiert es Bacci und seine Freunde, welche Rolle ihre Gesprächspartner »auf der anderen Seite« eigentlich übernommen haben. Bacci ist davon überzeugt, daß es sich um »Wesenheiten« auf der »Astralebene« handelt, die der irdischen Lebenssphäre am nächsten ist.
»Es scheinen so eine Art geistige Führer zu sein, die Verstorbenen den Übergang erleichtern helfen«, mutmaßt Bacci. Zum Beweis führt er Tonbänder vor, auf denen unter anderem italienische Sätze zu hören sind wie:
»Deine Welt ist zu Ende«
»Hier ist eine Form, die du nicht wolltest«
»Endlich bist du wieder emporgestiegen«
»Du folgst der ewigen Bahn«
»Vergiß die falschen Informationen: Dich hat der Konflikt entgegengesetzter Gedanken verwirrt!«
Trajni: »Wir könnten Ihnen noch Hunderte von Stimmen anbieten, aber ich denke, daß die hier präsentierten Aussagen ein guter Querschnitt sind, um unsere Behaup-

tung von der Paranormalität zu unterstreichen. Wir haben es in Grosseto mit einem neuen, außergewöhnlichen Typ des medialen Phänomens zu tun!«
Es scheint, daß neuzeitliche Technik und die sensitive Begabung der Experimentatoren zu den hier geschilderten Prozessen führen.
Professor Senkowski: »Handelt es sich um den direkten Anschluß an die Ebene der Verstorbenen? Es ist schwierig, an eine animistische Projektion der Experimentatoren zu glauben!«
Dipl.-Ingenieur Carlo M. Trajna: »Wir beobachten die Phänomene von Grosseto über einen Zeitraum von fünfzehn Jahren, wobei Marcello Bacci immer die Zentralfigur geblieben ist, der Kreis der Teilnehmer sich aber oft änderte. Wir haben es mit einem klassischen Schema des Spiritismus zu tun und die Phänomene von Grosseto sind durchaus medialen Kundgebungen aus anderen Kulturen und Zeiten ebenbürdig!«
Eine uns unbekannte Energie der Experimentatoren und die technischen Apparate der Neuzeit lassen uns Stimmen hören, deren Botschaften jenseits unserer Erfahrungen liegen und deren Inhalte unsere »Kenntnisse von den letzten Dingen« übersteigen.

Der Engel der Harmonie

Ein Arzt spielt die Seelenmelodie

Von Taranto führt eine schmale Straße mitten hinein in den Sporn des italienischen Stiefels. Etwa auf halber Strecke passiert man die Stadt Sava. Wir erreichen den Palazzo von Dr. Guido Melle um die Mittagszeit. Es ist heiß und wir sind ziemlich erschöpft. Drinnen im Salon ist es dunkel und angenehm kühl. Die Comtessa bietet uns in Kristallgläsern Kaffee an, in dem kleine Eisstücke schwimmen. Wir fühlen uns wohl. Herzlich wird es, als Dr. Guido Melle den Raum betritt. Er ist groß und hager und umarmt uns, als seien wir alte Freunde. Ganz in Weiß ist er gekleidet, wie sich das für einen ehemaligen Schiffsarzt gehört.
Comtessa Elisa und ihr Mann Guido gehören zum Adel der Stadt. Das Haus ist voller kostbarer Antiquitäten und aus der Küche duftet ein Braten.
Ein Fernsehteam besteht aus vielen Mitgliedern, aber alle finden Platz am Tisch. Wir essen von feinem Porzellan: Natürlich eine Minestrone, natürlich selbsterzeugte Pasta und selbstredend zartes Lamm mit herrlicher Kräutersauce. Dazu gibt's einen jungen Rotwein aus hohen Karaffen. Man versteht zu leben im Hause Melle. Es wird viel gelacht. Dann nimmt Melle ein Kruzifix von der Wand, das ein unbekannter Künstler vor über tausend Jahren aus einem Stück Kirschenholz geschnitzt hat.
Melle küßt den Körper des Heilands und sagt: »Gott ist auch der Beschützer der Glücklichen. Er stößt niemand von sich, der von Geburt an alles hat. Viele glauben, Gott ist ein Privileg für die Armen und Geschundenen. Das ist falsch. Mit Gott ist auch gut zu lachen!«

Dann gehen wir mit Melle ins Schlafzimmer. In gläsernen Vitrinen stehen etruskische Vasen und römische Teller, ein geschliffener Spiegel hängt in einem Rahmen aus Eichenholz.

Vor dem großen schweren Bett mit der Damastdecke darüber erzählt uns Guido Melle die Geschichte von dem Engel.

Man muß sich das einmal vorstellen. Da berichtet ein Mann, der Ende sechzig ist, Akademiker und angesehener Bürger seiner Stadt, daß ihm der »Engel der Harmonie« erschienen sei.

Melle: »Es war ein Samstag, irgendwann im Sommer des Jahres 1975. Ich blieb am Morgen etwas länger liegen, war aber schon hellwach. Da sah ich plötzlich eine hell strahlende Figur. Es war ein Junge von etwa zwölf Jahren, der am Fuße meines Bettes stand. Ich lag zwar im Bett, aber ich hatte eigentlich das Gefühl, zu schweben. Ich sprach ihn an: ›Wer hat dich geschickt? Hat dich das Kloster geschickt?‹ Er antwortete: ›Nein, ich bin kein gewöhnliches Kind, ich bin der Engel der himmlischen Harmonien. Ich bin gekommen, dir eine wichtige Aufgabe zu geben.‹ Ich fragte ihn: ›Wie, du bist gekommen, mir eine Aufgabe zu geben?‹ Er sagte: ›Ja, du sollst Musik machen, du sollst Konzerte geben.‹ Ich war total verblüfft, weil ich Musik zwar gerne höre, selbst aber kein Talent habe zum Spielen. So fragte ich den freundlichen Jungen, mit welchem Instrument ich es denn mal versuchen solle, und er antwortete ernst und bestimmt: ›Mit dem Klavier.‹ Ich kann mit dem Klavier ein paar einfache Lieder spielen, aber der Junge bestand darauf, daß ich Konzerte gebe, um Menschen das Gefühl der Harmonie zu vermitteln!«

Dr. Guido Melle erzählt die Geschichte vom Erscheinen des »Engels der Harmonie«.

Melle war verwirrt und glaubte zu träumen. Er muß sich ein paar Mal gekniffen haben, aber der Junge vor ihm blieb sichtbare Wirklichkeit.
»Es war eine Erscheinung«, erinnert sich Melle. »Ich wußte in diesem Moment genau, daß ich eine Vision hatte. Es war ein Engel, aber gleichzeitig war es auch ein kleiner, blonder Junge mit herrlich weißen Zähnen. Er sagte mir noch, daß ich ins Kloster von San Giovanni Rotondo gehen sollte, wo einst der berühmte Pater Pio gelebt hat. Dort würde man mich empfangen und mir alles erklären. Als ich dem Jungen noch ein paar Fragen stellen wollte, kam meine Frau mit dem Morgenkaffee. Der Engel war verschwunden!«
Elisa Mella ist eine Frau mit guten Nerven. Sie zweifelte nicht einen Moment an der Geschichte ihres Mannes und sagte nur: »Wenn du nach San Giovanni Rotondo gehen sollst, dann laß uns gehen!«
Das Ehepaar fuhr los, diskutierte das Ereignis und sprach auch über den berühmten Pater Pio, der wohl als nächster Heiliger in die Geschichte der katholischen Kirche eingehen wird.
Als Francesco Forgione geboren, trug der Franziskanermönch fast fünfzig Jahre alte Stigmata, fünf tiefe Wunden, je zwei an Händen und Füßen, die fünfte, sieben Zentimeter lang, hatte er in Form eines umgekehrten Kreuzes an der Seite.
Der Arzt Giorgio Festa hat Padre Pio 1958, zehn Jahre vor seinem Tod, untersuchen dürfen und danach folgenden Bericht geschrieben:
»Bemerkt habe ich eine fast kreisförmige, anatomische Verletzung mit reinen Rändern im Durchmesser von mehr als zwei Zentimetern. Sie war mit einer rotbraunen Kruste bedeckt. Von Zeit zu Zeit löste sich diese Kruste, zuerst vom äußeren Rand, und dann, nach und nach gegen das Zentrum zu, vollständig ab. Später erscheint die Verletzung in allen ihren Einzelheiten: rotbraun und

immer blutend. Das ausfließende Blut ist von besonderem Wohlgeruch!«
Pater Pio scheint ein Mann mit PSI-Begabung gewesen zu sein. So wird berichtet, daß er Gläubigen im Beichtstuhl noch nicht ausgesprochene Sünden vorgehalten und nur mit der Kraft seiner Gedanken Gegenstände bewegt habe. Außerdem soll er oft einen 21-Tage-Zyklus ohne Nahrung eingelegt haben. Er unterhielt ein eigenes Krankenhaus in Foggia, aus dem eine Unzahl von »Geistheilungen« berichtet werden.
Am erstaunlichsten sind jedoch die Berichte über die Fähigkeit der Bilokation des Paters, seiner Eigenschaft also, gleichzeitig an mehreren Plätzen sein zu können.
So gibt es in der Pater-Pio-Literatur den Fall des 24 Jahre alten Maria D., der nach einem Arbeitsunfall zunächst ein Gipskorsett trug, ein paar Jahre später jedoch infolge der körperlichen Anstrengungen zusammenbrach. Danach bestand vollständige Lähmung und Anästhesie der Beine. Der Patient war an das Bett gefesselt. Hinzugezogene Ärzte stellten weder eine genaue Diagnose, noch konnten sie helfen. Nach einjähriger Krankheit stand dem verzweifelten Maria D. die endgültige Entlassung aus seinem Arbeitsverhältnis bevor. Am Nachmittag brachte seine Frau ein Buch über Pater Pio mit nach Hause und bat ihren Mann, die Hilfe des Paters anzurufen. Der Patient hatte jedoch eine Abneigung gegen alles Religiöse und sagte, nachdem er das Buch zur Seite gelegt hatte, ohne große Überzeugung: »Wenn du schon so viele Wunder gewirkt hast, dann hilf doch auch mir!«
Im selben Augenblick sah er, wie sich die Tür seines Zimmers öffnete und ein Kapuziner in einer Kutte ins Zimmer trat, auf ihn zukam und sagte: »Steh auf, dir fehlt nichts mehr!«
Nach diesem Bericht von A. Stelter in dem Buch »PSI-Heilungen«, soll Maria D. dem Befehl Pater Pios gehorcht haben und völlig gesund geworden sein.

Ein Wunder – oder nur ein natürliches Geschehen, von dem wir noch nichts wissen?
Elisa und Guido Melle aus Sava fuhren also an jenem Morgen nach San Giovanni Rotondo, um jenen Mönch zu besuchen, den der »Engel« genannt hatte und der lange Jahre ein Klosterbruder von Pater Pio gewesen war.
Dr. Melle: »Ich gehe also zu diesem Mönch, er umarmt mich, der alte Freund, und ich will ihm erzählen, was passiert ist. Da sagt er nur: »Ich weiß, ich weiß. Dir ist ein Engel erschienen. Errege dich nicht, mir sind schon viele erschienen. Nachts kommen sie meistens. Natürlich mußt du tun, was er gesagt hat. Setze dich ans Klavier und spiele einfach los. Nimm die Musik mit einem Tonbandgerät auf, damit keine Note verlorengeht!«
Nachdem die Melles noch ein paar Stunden in der erbaulichen Umgebung des Klosters geblieben waren, fuhren sie zurück. Als Souvenir brachten sie einen kleinen, versilberten Engel mit, den Melle sich aufs Klavier stellte.
»Während mir meine Frau in der Küche ein Süppchen kochte, setzte ich mich, wie von einem inneren Zwang getrieben, an das Klavier«, erzählt Dr. Melle. »Ich spielte und spielte, und was ich hörte, waren wunderschöne Melodien. Es sind immer andere Melodien, und besonders Musiker sind ganz verblüfft darüber!«
Inzwischen spielt Dr. Melle die »Seelenmelodie« seiner Besucher. Er setzt gewissermaßen die ganz persönliche Ausstrahlung eines Menschen in Klang um.
»Jedes Lebewesen hat eine eigene Schwingung, die ich spüren und in Musik umsetzen kann«, erklärt Melle. »Und diese ›Seelenmelodie‹ ist so schön und so einzigartig wie dieses Lebewesen und mit keiner anderen vergleichbar!«
In der Tat war es für mich ein eindrucksvolles Erlebnis,

Für Rainer Holbe ein besonderes Erlebnis. Dr. Guido Melle spielt seine »Seelenmelodie«.

meine »Seelenmelodie« zu hören. Ich saß dabei in einem Schaukelstuhl neben dem Klavier. Melle berührte meine Hände, atmete dabei kräftig ein und aus. Dabei veränderten sich seine Pupillen. Er neigte den Kopf etwas zur Seite und begann zu spielen. Ich habe noch nie eine so leichte, beschwingte Musik gehört, die mich gleichzeitig so bewegte. Ich hatte das Gefühl, als spaziere ich geradewegs ins Elysium. Ich fühlte, daß diese Musik ich selber war.

Zwischendurch berührte Melle immer wieder meine Hände, faßte mir an den Nacken und atmete schließlich wieder tief und hörbar durch. Seine Frau ging zu ihm, streichelte ihn und hielt minutenlang seinen Kopf.
»Gott hungert nach Liedern«, sagte Melle schließlich. »Die Welt ist voller Musik, alles ist Klang und ein herrlicher, universeller Tanz zum Lobe des Schöpfers!«
Was der Arzt aus Sava so poetisch auszudrücken weiß, bestätigt der Musikwissenschaftler Joachim Ernst Berendt: »Wir haben den Klangcharakter der Welt in den DNS-Genen und in den Spins der Elektronen, im Wetter und im Gesang der Blumen und Pflanzen bestätigt gefunden. Die Frage stellt sich: Wenn unsere irdische Musik als Lobgesang begann und immer noch in vielen ihrer Schöpfungen Lobgesang ist und wenn menschliche Musik nur ein minimaler Ausschnitt aus der Musik des Universums ist, muß dann nicht auch die kosmische Musik – die Musik der Sphären und Milchstraßen, der Planetenbahnen und Elementarteilchen und Gene – zuallererst ein Lobgesang sein? Niemand, der lediglich irdisches Wissen und irdischen Überblick besitzt, vermag diese Frage zu beantworten. Aber wir können die Antwort erahnen.«
Später wird im tropischen Garten der Melles Kaffee serviert. Wir sind erschöpft von den Dreharbeiten, aber auch seltsam beglückt. Melle erzählt, daß viele Eltern aus ganz Italien, aber auch aus Kanada, der Schweiz und England mit ihren psychisch gestörten Kindern nach Sava kommen und um deren »Seelenmelodie« bitten.
»Ihre Harmonie ist in Unordnung geraten«, sagt Melle. »Wenn sie dann ihre ureigene Musik hören, wenn sie den *Klang* ihrer Seele spüren, sind sie wieder im *Einklang* mit dem Kosmos.«
Schon in der Antike war bekannt: Musik kann gesund machen. Die Griechen waren überzeugt davon, daß Musik dreierlei Zustände auslösen könne: den Men-

schen zu heroischem Handeln zu bringen, das seelische Gleichgewicht herzustellen und Ekstase auszulösen.
Therapeuten der Neuzeit verwenden Musik zu den unterschiedlichsten Zwecken und jeder, der einmal die elektronisch erzeugten Klänge von Klaus Schule oder Vangelis gehört hat, weiß deren entspannenden Effekt zu schätzen.
Die Wirkung jeder Art von Kunst beruht auf der Wechselbeziehung zwischen dem Werk und dem Betrachter. Jeder Mensch wird einen Seerosenteich von Monet, eine Sinfonie Beethovens oder ein Hölderlin-Gedicht anders und ganz individuell für sich empfinden. Deshalb ist die Wirkung von Melles »Seelenmusik« auf den einzelnen Menschen so überwältigend, weil diese Harmonien einzig und allein für ihn gemacht sind: Das Wesenhafte in ihm wird zum Schwingen gebracht...

Kontakt mit dem Göttlichen

Starke Worte vom Petersplatz

Mittwoch, der 9. Juli 1986, war ein wichtiger Tag für katholische Mystiker. Bei seiner wöchentlichen Generalaudienz auf dem Petersplatz in Rom bekräftigte der regierende Pontifex maximus Johannes Paul II. die Existenz unsichtbarer Himmelswesen. Engel gibt es also doch!

Es habe im Laufe der Geschichte bei diesem Thema viel Verwirrung gegeben, sagte er laut einem Bericht der Nachrichtenagentur Reuter.

Aufgrund der kirchlichen Tradition sei jedoch unbestritten, daß es Engel gebe. Sie seien rein geistige Wesen. Zu Christi Lebzeiten hätten die Sadduzäer – der konservative Standesverband der jüdischen höheren Priesterschaft – die Existenz der Engel bestritten, sagte der Papst. Später hätten auch die Materialisten und Rationalisten diese Auffassung vertreten. Engel hätten jedoch wiederholt eine wichtige Rolle gespielt. So sei dem Heiligen Josef beispielsweise ein Engel im Traum erschienen und habe ihm mitgeteilt, er solle mit Maria und dem neugeborenen Jesus vor König Herodes nach Ägypten fliehen. Nach katholischer Lehre sind Engel unsterbliche, rein geistige und intelligente Wesen mit einem freien Willen. Teufel sind gefallene Engel.

Der Papst bekräftigte an diesem Sommermorgen nur noch einmal die Aussagen des ersten Vatikanischen Konzils, wonach Engel »unsichtbare Begleiter der Sehnsüchte und Hoffnungen der Menschen« sind.

Dr. Bert Gruber, um einen Kommentar zu Melles »Engelsvision« gebeten, ist keineswegs erstaunt. Der Theologe: »Bezeichnend für das Geschehen ist die Tat-

sache, daß der italienische Arzt dem Engel der Harmonie begegnet ist. Harmonie ist das, was uns in allen Lebensbereichen am meisten fehlt. Musik scheint mir – zusätzlich zum Gespräch mit den Menschen – ein geeignetes Mittel zu sein, dieses Harmonie-Defizit auszugleichen.«
Neben den schon besprochenen Marien-Erscheinungen sind auch Berichte über Auftritte von Engeln bereits Legion. Meist sind es die Erzengel, wie Raphael, Gabriel oder Michael, die Prophezeiungen verkünden.
Das deutsche Wort »Engel« leitet sich vom lateinischen »Angelus« ab, das wiederum vom griechischen »Angelos« kommt und soviel wie »Bote« bedeutet. Damit sind in der Mythologie übergeordnete, zwischen Mensch und Gott vermittelnde Wesen gemeint.
Im Alten Testament, das in seiner Engel-Auslegung möglicherweise von persischen Geisterlehren beeinflußt ist, sind Engel Gottessöhne, die um seinen Thron einen himmlischen Hofstaat bilden. Ihm am nächsten sind danach die Erzengel, denen wiederum die zahlreichen den Menschen zugeordneten Schutzengel aus der Schar der Kerubim und Serafim unterstellt sind.
Allen Engeln zugeschrieben werden unter anderem Geschlechtslosigkeit, Unsterblichkeit, unvorstellbares, übermenschliches Wissen, Geistigkeit und die Fähigkeit, schnellstens überall zu erscheinen.
Bei der im Neuen Testament angekündigten eschatologischen Wende (etwa: das Jüngste Gericht) sollen dann die Engel als Richter tätig sein und die neue Ordnung gewährleisten, wobei die Glaubenstreuen unter den Menschen den Engeln fast gleichgestellt werden sollen.
Auch in der Offenbarung des Johannes sind die Engel, deren Zahl mit »zehntausend und tausendmal tausend« angegeben wird, Jesus als »Knechte« zugeteilt, die ihm bei der Offenbarung helfen.
Biblische Geschichten?
Tatsache ist, daß nicht nur im Christentum von himmli-

schen Wesen gesprochen wird. In nahezu allen Mythen ist quer durch die Jahrhunderte von Geistwesen die Rede, unsichtbaren Begleitern des Menschen, Schutzgeistern und ähnlichem.
Im Schamanismus kennt man die Geistführer, die uns in Bereiche begleiten, die unser normales Wahrnehmungsfeld überschreiten. Tiefenpsychologisch ist der Begriff »Schutzengel« oder »Höheres Selbst« wohl so zu fassen, daß wir einen Wesenskern in uns finden können, dem wir Vertrauen schenken, ein »Etwas«, das wir anthroposophisch deuten können als einen »Begleiter«, der uns vor Fehlhandlungen schützt.
Gegen die Existenz der »Schutzengel« wird heftig argumentiert, wenn man ihr scheinbares Versagen anklagt: Menschen sterben bei Unfällen und Katastrophen.
Tiefenpsychologisch wäre zu sagen, daß man bei solchen Ereignissen wohl selbst nicht »aufgepaßt« hat. Man ist nicht bereit gewesen, die Antennen auszufahren, die uns mit diesem Vertrauen in die uns schützende Funktion in unserem Inneren verbinden.
C. G. Jung hat gesagt, daß wir Menschen eine zweifache Herkunft haben: unser *Wesen*, das von unserem *Körper* in das Dasein der Welt hineingetragen wird. Eine der Lebensaufgaben scheint zu sein, dieses überweltliche Sein in unsere Existenz einzubringen.

Götterboten oder Astronauten?

Die Phantasie kennt keine Grenzen

Der journalistischen Vollständigkeit halber muß auf die gebräuchlichsten Engels-Deutungen der Gegenwart hingewiesen werden. Lange vor Erich von Däniken und Johannes Fiebag (siehe Kapitel »Manipulation der Außerirdischen?«) haben verschiedene Autoren darauf bestanden, daß die meisten religiösen Mythen der Erde einen realen Ursprung haben müßten: den Besuch außerirdischer intelligenter Wesen, die später als Götter, Dämonen und Engel die Erinnerungen ganzer Völker bestimmten.

Erich von Däniken zitiert den Moses des Alten Testaments mit einem detaillierten Bericht über die Katastrophe von Sodom und Gomorrha. Danach kamen am Abend davor zwei Engel nach Sodom, als Vater Lot gerade am Stadttor saß. Offenbar erwartete Lot diese Engel, denn er lud sie ein, die Nacht in seinem Haus zu verbringen. Es scheint nicht gerade gemütlich zugegangen zu sein, denn wie wir dank Moses wissen, forderten die Engel Lot, seine Frau, seine Söhne und Töchter, die Schwiegersöhne und Schwiegertöchter dringend auf, die Stadt zu verlassen, da diese bald vollständig vernichtet würde. Die Familie hielt das Ganze für einen schlechten Scherz.

Dazu das passende Zitat aus dem Alten Testament, 1. Buch Mose, 19/15:

»Als nun die Morgenröte heraufkam, trieben die Engel Lot zur Eile an und sprachen: ›Auf, nimm dein Weib und deine beiden Töchter, die hier sind, daß du nicht weggerafft werdest durch die Schuld der Stadt.‹ Da er aber noch zögerte, ergriffen die beiden Männer ihn und sein

Weib und seine beiden Töchter bei der Hand, weil der Herr ihn verschonen wollte, führten ihn hinaus und ließen ihn draußen vor der Stadt. Als sie dieselben hinausgeführt hatten, sprach der Engel: ›Rette dich! Es gilt dein Leben! Sieh nicht hinter dich und bleibe nirgends stehen im ganzen Umkreis! Ins Gebirge rette dich, daß du nicht weggerafft werdest! Schnell, rette dich dorthin, denn ich kann nichts tun, bis du dort hingekommen bist.‹«

Für Erich von Däniken besteht kaum ein Zweifel, daß diese Engel außerirdische Raumfahrer gewesen sind, die über eine den Bewohnern von Sodom unbekannte technische Gewalt verfügten, die Familie des Lot aber verschonen wollten. Der Zeitpunkt der Vernichtung stand fest, der Countdown lief. Wer davonkommen wollte, mußte sich einige Kilometer vom Explosionszentrum entfernt im Gebirge aufhalten, wo die Felswände die gefährliche Strahlung absorbierten. Eine Atom-Katastrophe in vorchristlicher Zeit, ausgelöst von Besuchern der Erde?

Wir alle wissen aus der Bibel, daß Lots Frau sich trotz aller Warnungen umgedreht haben soll und zur Salzsäule erstarrte. Hatte sie in die Glut der Atom-Sonne geblickt und war sie deshalb getötet worden?

Im Buch der Bücher heißt es weiter, daß der Herr Schwefel und Feuer auf Sodom und Gomorrha regnen ließ.

Und als Vater Abraham am anderen Morgen die Stätte des Grauens aufsuchen wollte, sah er – laut Moses – »Qualm aufsteigen von dem Lande, wie Qualm von einem Schmelzofen«.

Auch später im Neuen Testament tauchen immer wieder Engel auf als Boten Gottes. Zusammen mit den Mitgliedern der »Heiligen Familie« wurden sie in den vergangenen zweitausend Jahren beliebte Motive von Malern und Bildhauern. Offensichtlich beschränken sich Engel nicht nur auf ihre Existenz als Künstlermodell, sie bevölkern

die Legenden in solcher Häufigkeit, daß sich unschwer ein mehrbändiges Verzeichnis anlegen ließe.
So wurden im Jahre 303 n. Chr. die Heiligen Kosmas und Damian bei Ägea in Kleinasien von Engeln aus dem Meer gerettet.
Im gleichen Jahr wurde der heilige Timotheus in römischer Gefangenschaft von Engeln getröstet, und die gleiche Behandlung widerfuhr auch der heiligen Katharina von Alexandria, der um das Jahr 311 eine von Engeln angekündigte weiße Taube Nahrung in ihren Kerker gebracht haben soll. Als Jünger den heiligen Antonius von Heraklea in Ägypten 356 n. Chr. begruben, wollen Augenzeugen eine Gruppe von Engeln in der Trauergemeinde gesehen haben.
Heraklius, dem Kaiser von Byzanz, soll 627 ein Engel das Stadttor von Jerusalem geöffnet haben, und 735 soll die Grabinschrift des heiligen Beda Venerabilis vom Kloster Yarrow in England von Engelshand vervollständigt worden sein.
Unglaubliche, fromme Geschichten, die auch Eingang finden in die Gazetten der Neuzeit.
So berichtete die amerikanische Zeitschrift »National Enquirer« im Sommer 1985 in großer Aufmachung von der Sichtung riesenhafter Gestalten durch die Besatzung der sowjetischen Raumstation »Sojus I«. Die Kosmonauten hätten zweimal beim Umfliegen der Erde Wesen von der Größe eines Großraumflugzeugs gesehen, die sich etwa fünfhundert Meter von ihren Bullaugen gezeigt hätten. Eine Überprüfung solcher Berichte ist journalistisch nur sehr schwer möglich.
Wie ein Märchenbuch liest sich auch der Bericht der Engländerin Dorothy Maclean, die zusammen mit Peter und Eileen Cady zu den Gründern des Findhorn-Gartens gehört, der in einer unwirtlichen Gegend der britischen Insel angelegt wurde und in dem ohne chemische Düngemittel hohe Erträge erzielt werden.

Die Bewohner Findhorns, die ihre Lebensgemeinschaft nach spirituellen Erkenntnissen im Einklang mit der sie umgebenden Natur organisiert haben, gelten als Pioniere einer neuen, den Idealen des »Wassermann-Zeitalters« verschriebenen Gesellschaftsform.
Dorothy Maclean bereitet es Schwierigkeiten, einen Bereich zu beschreiben, der ganz offensichtlich über unsere gewöhnlichen Erfahrungen hinausgeht.
»Worte, die für ein Leben in Raum und Zeit bestimmt sind, reichen nicht aus, um sich mit Wesenheiten auseinanderzusetzen, die außerhalb dieser Bereiche angesiedelt sind«, beschreibt sie in ihrem Buch »Du kannst mit Engeln sprechen« ihre Begegnungen mit den »Devas«, einer mächtigen Gruppierung geistiger Wesen, die für sie die Baumeister unserer Welt sind.
Dorothy Maclean: »Als Verkörperung schöpferischer Intelligenz verwandeln sie das, was wir Energie nennen, in zunehmend dichtere Strukturen und schließlich in Materie. Sie bilden auf allen Ebenen Ausdrucksträger für das Leben: Mineral, Pflanze, Tier, Mensch und Übermensch!«
Nach Darstellung von Dorothy Maclean, die sie medial und in ihren Träumen empfangen haben will, haben die »Devas« als Baumeister des Lebens die planetarische Existenz geformt und die Evolution als Ausdrucksträger für das Bewußtsein geschaffen. Sie behaupten, die Menschen wären auch am Bau ihrer Welt beteiligt. Sie seien gewissermaßen Schöpfer und Geschöpfe gleichzeitig.
Dorothy Maclean: »Die Engel waren Teil der Erdgeschichte, bevor die Vorfahren der Menschheit kamen. In einer Art sind sie unsere Eltern, die auch für uns in den unendlichen Quellen und komplizierten Naturprozessen Körper geschaffen haben. Sie sind unabdingbar mit der Erde verbunden, jedoch mehr mit ihrer tatsächlichen Berufung. Sie müssen auch lernen und sich verändern,

und sie behaupten, das Schicksal von Devas und Menschen verschmelze miteinander!«
Die mysteriösen »Devas« tauchen auch in G. A. Gaskells »Lexikon alter Schriften und Mythen« auf als »erhabene Intelligenzen von Wahrheit, Weisheit und Liebe in höheren Welten. Sie wirken von der buddhistischen (Weisheitsprinzip) und mentalen Ebene, um den Entwicklungsprozeß voranzutreiben.«
Nach der Ausstrahlung des Interviews mit dem italienischen Arzt Dr. Guido Melle bei RTL PLUS beschäftigten sich zahlreiche Zuschauer mit dem Engel-Prinzip diverser Religionen, wobei ich aus einem Brief von Stefanie Schanznig aus Bergisch-Gladbach zitieren möchte, die von der weit verbreiteten Meinung ausgeht, Menschen seien in Ungnade gefallene Engel.
Frau Schanznig schreibt: »So unglaublich es auch klingen mag, jeder inkarnierte Mensch, Sie und ich, waren einmal Engel. Wir waren Engel im Himmel, wie wir heute diese Jenseitssphären nennen, und zwar so lange, bis wir uns mit Luzifer gegen den Willen Gottes auflehnten. Den sogenannten Engelssturz, von dem die christlichen Kirchen lehren, haben wir alle mitgemacht, auch wenn uns das heute nicht mehr bewußt ist.«
In unvorstellbaren Zeitabläufen würde ein Erlösungsplan ausgearbeitet, der die Gelegenheit zur Rückkehr biete. Allein zu diesem Zweck sei die materielle Welt erschaffen worden, in der die Menschen Gelegenheit hätten, geistig zu wachsen, um heimzukehren in die höchsten Sphären.
Die von Stefanie Schanznig zitierte Theorie schließt – im Gegensatz zur Lehrmeinung der katholischen Kirche, mehrere Erdenleben jedes einzelnen Individuums zum Zwecke des Lernens und Läuterns nicht aus. Hat ein Wesen eine gewisse geistige Reife erreicht, müsse es keine Wiedergeburt absolvieren und könne über verschiedene Dimensionen hinweg Einkehr halten in die

siebente Dimension. Buddhisten nennen dieses Ziel Nirwana, das Nichts, die Auflösung des Ichs zugunsten eines höheren Seins.
Ohne ausreichende Erklärungen müssen in diesem Zusammenhang die Erlebnisse des Statikers Manfred Boden aus Bühl bleiben, der etwa fünfzehn Tonbänder vorlegt mit Botschaften aus eben jener »siebenten Dimension«. Über Wochen hinweg hatte sich ein offenbar paranormaler Telefonkontakt aufgebaut, der schließlich zu einer für jeden hörbaren Kommunikation mit Stimmen führte, die vorwiegend in deutscher Sprache, aber auch in Englisch und Französisch, mit Boden ganze Dialoge esoterisch-philosophischen Inhalts führten*.
Boden, der sich von diesen nächtlichen Telefonanrufen anfangs belästigt fühlte, ließ eine Fangschaltung der Post installieren. Obwohl auch während dieser Zeit Gespräche eintrafen, konnten die Techniker die Herkunft der Telefonate nicht orten.
Hätte also ein Witzbold am anderen Ende der Leitung gesessen, müßte der nicht nur technisch geschickter gewesen sein als die Männer der Post, sondern auch über esoterisches Wissen verfügt haben.
Bodens Gesprächspartner bezeichneten sich selbst als »Energie-Wesen«. Als er sie einmal nach ihrem Standort fragte, kam die Antwort: »Die Frage ist falsch. Ihr könnt euch die Dimension nicht vorstellen!«
Boden: »Wie ist diese Dimension denn aufgebaut?«
Die Stimme: »Das kann man einem Menschen nicht erklären, weil ihr dreidimensional lebt!«
Boden: »Wie ich unseren Gesprächen entnehme, seid ihr hochentwickelte Wesen. Wie kommt so etwas zustande?«

* Ein ausführlicher Bericht zum Thema »Telefongespräche aus einer anderen Welt« erscheint in dem im Herbst 1987 bei Knaur veröffentlichten Buch »Unglaubliche Geschichten II«.

Die Stimme: »Durch Energieakklumeration!«
Dieses eigentlich nur für Physiker verständliche Wort bedeutet soviel wie »Anhäufung«. Das heißt, hier handelt es sich um einen weiteren Aufbau komplexer Systeme.
Engel – gibt's die?

Das Drama des Lebens

Darsteller und Zuschauer zugleich

Unweit der Engelsburg in Rom liegt die Via degli Scipioni. Die neo-klassizistischen Bürgerhäuser sind auf den Mauern der antiken Stadt errichtet. Zum Bau der eindrucksvollen Kellergewölbe sind Steine des ehrwürdigen Forum romanum verwendet worden.
Im Hause 175A führt eine schmale Tür in eines der seltsamsten Etablissements, das ich jemals besucht habe: das Theater der »99 Chimären«.
Wer hierherkommt, erlebt ein »Biodrama« – das Drama seines eigenen Lebens. Man ist Darsteller und Zuschauer zugleich in einem mystischen Reigen der eigenen Existenz.
Das kleine Kellertheater wird im großen Rom als Geheimtip gehandelt. Schauspieler, Maler, Psychologen und Schriftsteller waren hier, um auf höchst individuelle Weise etwas über ihr Leben, ihre Vergangenheit und ihre Zukunft zu erfahren. Fellini hat sich in die Geheimnisse der eleusinischen Mysterien und des Mithras-Kults einweihen lassen, um seine bizarren Filme zu drehen.
Inhaber und Initiator des aufregenden Schauspiels um das eigene Werden und Sein ist der Psychologe Lorenzo Ostuni, der entgegen seiner Schulweisheit die bedeutsamen Bereiche der menschlichen Persönlichkeit aus der Psychologie hinausdividiert.
Ostuni: »Eine Psychologie ohne Parapsychologie ist taub. Eine Parapsychologie ohne Psychologie ist stumm. Eine Philosophie und eine Parapsychologie ohne eine anthropologische Philosophie sind blind. Eine Psychologie, eine Parapsychologie und eine Philosophie des Menschen ohne eine ›Psychopoiesis‹ sind gelähmt.«

Unter »Psychopoiesis« versteht Ostuni die Anwendung, das Tun, die Möglichkeit »Psyche« *zu machen.*
Diesen Bereich führte er für seine Beschäftigung mit dem Menschen ein, weil er meint, daß in der gegenwärtigen Krise die Psychologie und die Parapsychologie den Bezug zur sinnvollen Anwendung, zur ganz persönlichen Praxis verloren hätten.
Durch die Einführung antiker Wahrsagepraktiken in Verbindung mit psychologischen Erkenntnissen stellt er ein System von Charakter- und Zukunftsdiagnosen auf, das sich nicht in Theorien ergeht, sondern in der Praxis bewährt. Wer zu Lorenzo Ostuni und seinen Mitarbeitern kommt, ist zuerst einmal herzlich aufgenommen in einen Kreis heiterer, sensibler und phantasiereicher Menschen.
Wir filmen das »Biodrama« von Julia, einer siebzehn Jahre alten Schülerin aus Luxemburg. Sie ist sogleich bereit, an einem Spiel teilzunehmen, in dem sie die Hauptperson ist und das sie in Sphären führen wird, die tief in den inneren Schichten ihrer Persönlichkeit verborgen sind.
Vom Tonband erklingt Mahlers fünfte Sinfonie. Julia hat sich mit den jungen Männern und Frauen im Kreis auf dem Boden niedergelassen. Sie fassen sich bei den Händen.
Ostuni erklärt: »Julia, du wirst dich nun dem Biodrama unterziehen, einem uralten Ritus, der von den eleusinischen Mysterien, den Mithras-Mysterien und aus noch älteren indischen Kulturen stammt. Auf einem tiefenseelischen Weg sind diese Rituale bis in unsere Gegenwart vorgedrungen. Es ist dir bestimmt, daran teilzunehmen, hier und heute, in Rom in der Via degli Scipioni. In deinem Biodrama wirst du noch einmal deine Lebensreise machen, bis zu dem Punkt, an dem du dich jetzt befindest, aber auch darüber hinaus. Du wirst auch in die Zukunft blicken und die spirituellen Hypothesen von

den letzten Dingen vernehmen. Deine Stationen auf dieser Welt sind die Geburt, die Liebe, die Dämmerung des Lebens bis hin zu den Zuständen jenseits des Todes. Auf einer Lebensreise ist man niemals allein. So wirst auch du begleitet werden von Vergil, dem römischen Dichter, für den das Leben ein poetischer Reigen ist. Bios wird dabeisein, der Repräsentant des Lebens in seiner Ganzheit, stellvertretend für den mütterlichen Geist. Bios ist deine Mutter und gleichzeitig deine eigene, tiefe Weiblichkeit. Eros wird da sein, um mit dir das Liebesthema in all seinen Variationen zu erleben. Und schließlich geht nichts ohne Thanatos, den Tod, durch den du gehen mußt, um du selbst zu sein und deine Identität zu verwirklichen!«

In dem langgestreckten Kellergang sind drei Tore aufgebaut: das »Tor der Geburt«, das »Tor der Liebe« und das »Tor des Todes«. Wobei der Tod nicht nur der körperliche Tod zu sein braucht, sondern auch die Abschiede im Leben symbolisiert.

Julia ist bereit zum kosmischen Tanz. Alles, was sie in der nächsten Stunde tun wird, hat eine besondere Bedeutung. Das Mädchen, sonst eher schüchtern und introvertiert, ist heiter und gelöst. Lorenzo Ostuni verfolgt gespannt die einzelnen Szenen der Lebensreise und notiert Julias Reaktionen in einem Buch.

Vor dem »Tor des Lebens«, das auch den Geburtskanal darstellen soll, verabschiedet sich Julia von ihrer kosmischen Mutter. Aus dem Wesen jenseits von Raum und Zeit wird eine in Materie eingeschlossene Seele.

Julia tritt durch das Tor und wird von Vergil empfangen. Von ihm erhält sie das Maß an Phantasie, das ihrem Leben angepaßt ist – den Stoff, aus dem die Träume sind. Der römische Dichter, Inbegriff von Weisheit und Poesie, reicht ihr eine Laterne, das Licht, das auch in der Finsternis ihren Tagen Trost und Wärme spenden soll. Julia erhält eine Tasche, in die sie während ihrer Lebens-

reise all die nützlichen und unnützen Dinge packt, die am Wege liegen: Lüge und Wahrheit, Glück und Enttäuschungen, den Schmerz und das Lachen. Und schon hat sie die Wahl zwischen den 99 Chimären, überdimensionalen Spielkarten mit uralten Symbolen. Sie nimmt eine auf und steckt sie in den Beutel.
Ein Feuer ist auf ihrem Weg. Julia umtanzt es, macht es sich zum Freund. Bios taucht auf, nimmt sie bei der Hand. Julia läßt sich mitreißen, taucht ein in tänzerische Wirbel. Sie wählt zwischen Farben und Stoffen, zwischen Parfums und Tinkturen. Die Weiblichkeit nimmt von ihr Besitz, der Wunsch, sich zu schmücken.
Eros erscheint. Er hat zwei Gesichter. Mal lacht er, mal weint er. Liebe und Haß, Trauer und Glück. Julia tritt durch das »Tor der Liebe« ...
Wieder wählt Julia eine der großen »Chimären« und dann darf sie sich aus verschiedenen Gegenständen ein paar auswählen. Sie greift zu den Flöten, aber sie spielt nicht, sie kreuzt sie – Schwertern gleich – mit Bios.
Die Dämmerung senkt sich über die Szene. Der Herbst des Lebens ist eingetreten, unbemerkt, aber von allen erwartet. Auch hier ist Julia nicht allein. Vergil ist da, Bios und Eros.
Aber Thanatos – der Tod – wartet vor dem letzten Tor. Noch ist er nicht sichtbar, aber jeder weiß von seiner Existenz. Mahlers Musik ist nicht traurig, eher verspielt und heiter, als Thanatos erscheint und um einen Tanz mit Julia bittet. Sie ziert sich nicht, sie hat sich ihm ergeben.
Gemeinsam schreiten sie durch das dritte Tor, mit erhobenen Köpfen und wie im Triumph.
Vorher hat Julia Laterne und Tasche wieder abgegeben. Sie ist ohne Gepäck, als sie drüben ankommt.
Jetzt erst wird aus dem Tanz Ekstase, jubelt die Musik. Julia ist heimgekehrt und ihre kosmische Mutter begrüßt sie mit einer langen, heftigen Umarmung.

Das Leben und seine Verführungen. Musik und Tanz geben Aufschluß über die Persönlichkeit des Menschen.

Das Spiel ist aus. Julia und die anderen legen sich erschöpft auf den Boden.
Die »Schauspieler« gehen in ihre Garderoben, entledigen sich ihrer Kostüme, schminken sich ab. Dann setzen sie sich im Halbkreis um Julia, in der Mitte Lorenzo Ostuni. Er hat inzwischen seine Aufzeichnungen ausgewertet und aus den Reaktionen während der einstündigen Lebensreise und aus den Symbolen uralter Mythen ein Persönlichkeitsbild von Julia entworfen, in dem Vergangenheit, Gegenwart und Zukunft ihre angestammten Plätze haben. Julia hört es mit Erstaunen. Sie ist verwirrt und glücklich, ihre Seele hat einen Spiegel gefunden.
Lorenzo weiß um die Flüchtigkeit des Wortes und gibt Julia eine Tonkassette mit.
»Zu jeder Zeit deines Lebens werden meine Worte einen anderen Klang und eine andere Bedeutung haben. Sie wachsen und verändern sich, so wie du wächst und dich veränderst«, sagt er. »Immer ist die Musik eine andere Musik, auch wenn sie aus der gleichen Partitur entsteht. Und nie ist ein Bild, das du betrachtest, das gleiche Bild. Es ändert sich mit dir und will dir stets etwas anderes sagen!«
Ostunis Erklärungen zu Julias Reaktionen auf der Reise durch ihr Leben sind lang, ausführlich und poetisch.
»Juli, du erinnerst dich«, sagt er, »daß du zu Beginn deines Weges von Vergil umarmt wurdest. Eine große Umarmung, eine Umarmung des Wiedererkennens, der Brüderlichkeit und der Identität. Das war der Samen für dein Sein in der Welt, für dein Lebendig-Sein, für dein Aktiv-Sein und dein Nicht-Allein-Sein. Und du hast die erste Chimäre gewählt. Dieses Bild, das du aus den neunundneunzig Chimären des Lebens gewählt hast, die zu Beginn deines Weges auslagen. Sie trägt folgenden Text: ›Ich habe die Tür des Himmels eingedrückt und du wirst die Mauern des Horizonts nicht stürzen. Ich laufe durch die ganze Welt und du bist angenagelt in einem Zimmer.

Mächtige Geister sind in meinen Händen, sterbende Geister sind zwischen deinen Füßen. In Wahrheit wird dein Atem immer kürzer und die Wege meines Sieges wirst du niemals kennen!‹«

Ein Orakel-Spruch, der gedeutet werden muß. Lorenzo Ostuni: »Julia, du scheinst dafür geschaffen zu sein, eine dynamische, eine plastische Existenz zu verwirklichen, in der die Bewegung zusammen mit der Meditation und der Tiefe, deiner Weiblichkeit und Persönlichkeit Dichte, Charakter und Form geben. Du wirst dich mit Menschen auseinandersetzen müssen, die in ihrer Art starr, unbeweglich und gehemmt sind. Mit diesen Menschen mußt du dich verständigen, du mußt ihnen *begegnen* und *entgegnen*. Du mußt deine Vision des Lebens mitteilen, die nicht eine Vision, an einem Ort festgenagelt zu sein, sondern eine Vision der Bewegung, des Fluges, ist. Wie dir von Bios gesagt wurde: Flieg, flieg!«

Lorenzo bewertet auch Julias Bewegungen während des Spiels.

»In den Augenblicken des Fluges warst du sehr tänzerisch, fähig, diese Bewegung, diese Harmonie zu erschaffen. Ein wichtiger Augenblick war, als du mit der Darstellerin des Bios ein Duell hattest. Wo andere nach den Schwertern greifen, hast du dir zwei Flöten ausgesucht. Wie kann man ein Duell mit zwei Flöten führen? Das ist das grundlegende Symbol deines Lebens. Deine Art, das Dasein zu meistern ist es, ihm auch kämpferisch zu begegnen; doch mit der Flöte. Auch in den Kontrasten regiert das Gesetz der Harmonie, auch im Kampf triumphiert die melodische Charakteristik des Friedens. Du hast viele Jahre vor dir, um dieses Potential zu gebrauchen. Und du wirst sehen, daß die anderen immer mehr von dir haben wollen. Sie werden immer öfter von deiner Fähigkeit, Frieden zu schließen, profitieren wollen. Du bist aufgerufen und dazu geeignet, Konflikte zu vermeiden und existierende Konflikte zu lösen. Das von dir

gewählte Symbol deutet darauf hin, daß du in der Lage bist, die Dinge umzukehren. Wenn der Kampf in die eine Richtung verläuft, schaffst du Frieden in der anderen Richtung. Du kannst die elementare Lebensrichtung deines eigenen Daseins und des Daseins der anderen umkehren durch deine Kraft, Feinfühligkeit, Zähigkeit und deine Fähigkeit, den Verzicht in Kraft zu verwandeln. Dieser Verzicht ist kein Akt der Schwäche, sondern eben ein Akt der Kraft!«
Julia erlebt in dieser Stunde die ganze Bedeutung ihres Daseins, wird sich darüber bewußt, daß sie wie jeder Mensch eine Aufgabe im Leben hat und ein Ziel. Sie erfährt, daß sie nicht durch puren Zufall auf die Welt gekommen ist und daß auch kein unbarmherziges Schicksal ihre Wege lenkt. Immer wieder ist sie aufgefordert, Entscheidungen zu treffen und sich dabei auf die Quelle ihres uralten universellen Wissens und den Begabungen ihrer Persönlichkeit zu stützen.
Aus uralten Mythen der Menschheit hat Julia an diesem Nachmittag in einem römischen Keller Kraft und Zuversicht geschöpft für ihr weiteres Leben.

Chimären des Lebens und der Liebe

Charakter und Schicksal in den Karten

Das »Bio-Drama«, das Drama des Lebens, im Theater der »99 Chimären«, ist ein Spiel von Konflikten, Klarheiten, Wünschen, Vorstellungen, dramatischen Situationen, Aggressionen und Liebe, Leben und Tod. Es ist faszinierend, die Entwicklung dieses Psychospiels zu beobachten, in dem kein Wort gesprochen und der Darsteller und seine Lebenssituation in das Geschehen verwoben wird. Manchmal dauert ein solches Schauspiel eine halbe Stunde. Je nach Intensität der paranormal vermittelten Informationen kann sich das Lebensdrama jedoch auch auf drei Stunden ausdehnen.
Für die anderen Akteure bedeutet ein solches Spiel aktive Teilnahme mit dem Einsatz der eigenen Persönlichkeit, die ganz mit dem Lebensablauf und dem Charakter der Hauptperson verwoben werden muß.
Alberto Rinieri ist einer jener Mimen, die schon seit langem mit Ostuni zusammenarbeiten. Hunderte seiner Kollegen sind nur ein einziges Mal dabeigewesen. Der Einsatz ihrer eigenen, subtilen Persönlichkeit hat ihre Kräfte überfordert. Die seelische Belastung war zu groß. Rinieri ist Chemiestudent, aber seit er mit Lorenzo arbeitet, hat sich vieles in seinem Leben geändert. »Das Psychodrama ist für mich die expressivste Form der Telepathie. Mentale parapsychische Leistungen treten in den Hintergrund, bedeutsam wird allein das Ausdrücken der direkt aus dem Unbewußten kommenden Impulse, die sich auf die bestimmte Person beziehen, welche die Karten auswählt. Für mich hat die Arbeit hier den Effekt der totalen Befreiung von den herkömmlichen Barrieren von Körper und Psyche.«

Katriona Munthe, eine andere Darstellerin der Ostuni-Gruppe, stimmt Rinieri zu: »Ja, diese Tätigkeit hat für mich vor allem drei Effekte. Erstens einen Befreiungseffekt, zweitens das Gefühl, in einer anderen Dimension zu leben, und drittens das Gefühl, wirklich viel zu empfangen und zu geben.«
Rinieri: »Das ist richtig. Wir leben in einer anderen Dimension. Raum und Zeit sind flexibel geworden, haben nicht mehr die Bedeutung von unumstößlichen Grenzen. Unsere Gestik ist irgendwo perfekt, nicht im Sinne choreographischer Perfektion, aber im Sinne der Verinnerlichung mit der interpretierten Person. Wir haben das Gefühl, immer Neues auszudrücken. Selbst in einer Gestik, die wir sehr ähnlich wiederholen, bleibt das Gefühl, etwas völlig anderes ausgedrückt zu haben. Aber das Rätselhafteste ist die Empfindung, viele Leben zu leben, in einer immer anderen Art zu sein, zu existieren. Unser Bewußtseinszustand ist immer verschieden.«
Auch die Interpretation durch Lorenzo Ostuni ist jeweils total unterschiedlich, hat kaum Grundmuster und ist von großem, sprachlichen Ausdruck. Es ist verblüffend zu beobachten, mit welcher Genauigkeit Ostuni Persönlichkeitsmerkmale und auch realistische Fakten des Lebens einer Person erfaßt und mit welcher Eleganz er grundlegende Persönlichkeitskomponenten, Konflikte, Grundängste und karmische Anlagen darstellt.
Die neunundneunzig Chimären sind vor nicht allzulanger Zeit auch in einer größeren Auflage gedruckt und mit einem Kommentarbuch versehen worden. Schade, daß es davon keine deutsche Übersetzung gibt, denn mit dem philosophisch-esoterischen Hintergrund Ostunischer Gedanken stellen diese Karten eine interessante Mög-

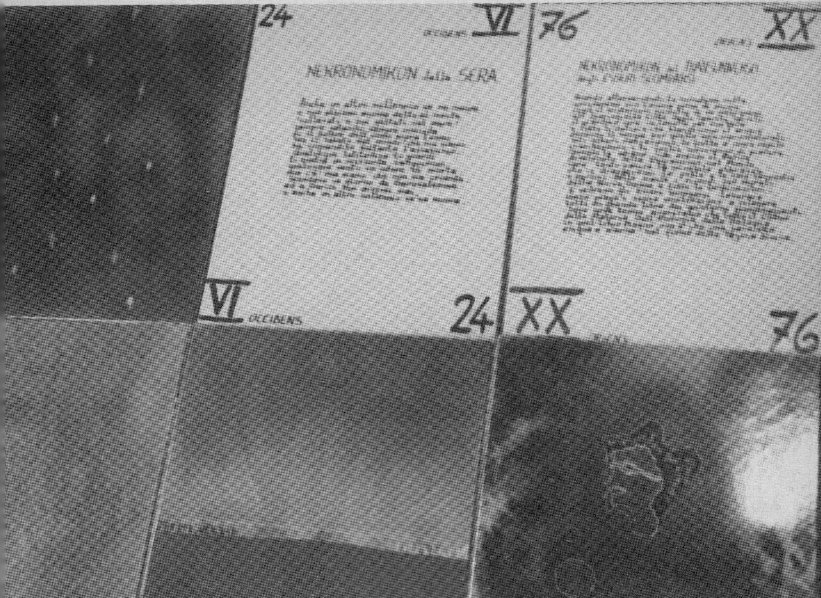

Das Leben – ein Spiel der Bedeutungen? Jede Karte symbolisiert ein Schicksal.

lichkeit zur Selbsterkennung dar, die oft jene des Tarots übertrifft.

Der ausgezeichnete Begleittext erinnert an das »I Ging«* und seine wahrsagende Potenz.

Lorenzo Ostuni zu den Chimären: »Ich habe sie entwikkelt aufgrund jahrelanger Studien. Natürlich kannte ich das I Ging, ich kannte Jung und nicht zuletzt kannte ich die sogenannten ›libri fulgurales‹, etruskische Texte über das Vorhersagen aus Blitzen. All diese Dinge haben mich beeinflußt. Jetzt bin ich dabei, neue Wahrsagespiele einzuführen. Hier habe ich eines vorbereitet, das sehr

* I Ging = bekanntes chinesisches Orakel

erfolgreich zu sein scheint. Aber es ist kein Parapsychodrama mehr. Ich habe es ›Necronomicon‹ genannt. Necronomicon heißt Totenbuch und diese Divinationsmethode (Wahrsagekunst; d. Red.) ist sozusagen ein modernes Totenbuch. In Totenbüchern lehren gewöhnlich Lebende den Lebenden, wie sie sterben und wie der Tod aussieht. Mein Necronomicon dreht dieses Verhältnis um. Die Realitäten vergangener Zeiten sind in uns, und zwar über unsere Vorfahren. Das Kollektive, Archaische, Archetypische; es sitzt in den Tiefen unserer Emotionen in unserem Unbewußten und drückt sich in Symbolen, Träumen und Impulsen aus den unbewußten Schichten der Persönlichkeit aus. Die Toten belehren also die Lebenden.«

Lorenzo entwickelte 176 Symbole, die auf den wichtigsten im Laufe der Menschheitsgeschichte geschaffenen Symbolen aufbauen. Die Spanne erstreckt sich von der Altsteinzeit bis zur Gegenwart – also etwa 120 000 Jahre Geschichte und Evolution.

»Diese Symbole stehen für eine tiefe Kenntnis der menschlichen Persönlichkeit, ihres Geistes und ihrer Individualität. Man kann dieses System als eine Art Psycho-Test, aber auch als mantisches System zum Wahrsagen verwenden«, erklärt Ostuni.

»Ich habe diese Bilder Odysseen genannt, um mich auf das große homerische Epos zu beziehen, auf die große Reise, die im Fortgehen und Heimkehren besteht. Denn unser Leben ist diese große Reise im riesigen Kaleidoskop der Welt. Es ist eine Reise durch die Welt der Bilder, der Visionen, der Wahrnehmungen und Darstellungen!«

Die Symbole, die verschwundene Realitäten in uns repräsentieren, werden in vier Gruppen zu je 44 Symbolen im Zuschauerraum des Theaters auf dem Boden ausgebreitet. Die Erklärungen stehen in jeweils vier Büchern, die nach den Himmelsrichtungen ausgerichtet

sind. Zusätzlich trägt jede der Karten auf der Rückseite ein mantisches Gedicht.
Der Mensch, der mehr über sich, seine Vergangenheit, Gegenwart und Zukunft erfahren möchte, geht nun um die ausgelegten Symbole herum und wählt fünf davon aus. Um zu diesen zu gelangen, müssen die anderen, dazwischenliegenden Karten hochgehoben und wieder zurückgelegt werden.
Auch den Weg, der zu den Zielkarten eingeschlagen wird, registriert Lorenzo Ostuni genau. Nach der Auswahl der Symbole und Gedichte interpretiert er dann den Schicksalsweg des ratsuchenden Menschen.
Nicht irgendein medial begabter Sensitiver legt also die Karten und interpretiert sie, sondern die »Zielperson« selbst ist in den Auswahlprozeß integriert. Meistens geschieht dies unbewußt; selten können die Betreffenden erklären, warum sie das eine oder andere Symbol ausgewählt haben.
Aber das Unbewußte, so Ostuni, tut nichts willkürlich. Ähnlich der klassischen Gestalttherapie bringt Ostuni die Ganzheit der Persönlichkeit in seinen Wahrsagungen ins Spiel, aber darüber hinaus integriert er die kollektiven Teile des Unbewußten, archaische Erfahrungen, die Erinnerung an das lang Vergessen-Geglaubte.
Am Ende unseres Besuches zeigt uns Ostuni sein neuestes »Wahrsagespiel«, an dessen Vervollständigung er noch arbeitet. Nicht weniger als achthundert Steine, die er bei Etruskergräbern, Flußmündungen und in antiken Tempeltrümmern gefunden hat, werden von ihm mit Symbolen bemalt.
Ostuni: »Das System der Gorgonen ist mein wichtigstes System. Vor vielen Jahren habe ich gedacht, der Stein sei

Ein »Gorgoni« – Symbol aus der Etruskerzeit. Im Keller von Lorenzo Ostuni dient er als »magischer Stein«.

das primäre Element der menschlichen Geschichte. Ohne Stein hätte der Mensch nicht überlebt. Mit dem Stein konnte er die Lanze schleudern um zu jagen, konnte das Werkzeug herstellen und das Haus bauen. Unsere Erde ist Stein, unser Universum ist Stein. Unser eigenes Skelett wird Stein werden. Von uns wird auf der physischen Ebene ein Stein überleben. Die tiefgehendsten Kulturen der Menschheit haben ihren Ausdruck auf Stein gefunden. Vor einigen Jahren habe ich beschlossen, die unterschiedlichsten Symbole auf Stein zu sammeln; und zwar in der ganzen Welt, aus allen Kulturen. So habe ich ein System aus achthundert Teilen geschaffen. Diese achthundert Steine stellen die Reise der Geschichte der Menschheit von ihren Anfängen vor über hunderttausend Jahren bis in unsere Tage dar. Es ist mein bisher größtes und reichhaltigstes System!«

Kalender aus der Schweinemilz

Großvater Ostunis seltsame Künste

Nichts Geheimnisvolles ist an Lorenzo Ostuni, der sich kaum von den anderen eleganten Römern unterscheidet, wenn er die Tür seines Theaters hinter sich zugesperrt hat. Er bevorzugt Maßanzüge, kennt die guten Restaurants seiner Stadt und weiß Schönheit in jeder Form zu schätzen. Sein Wissen um das Sein des Menschen hat er auf gut italienische Art in Lebensfreude umgesetzt.

Ostuni hat an der Universität von Neapel Literatur studiert und begann als 21jähriger Mann in einer kleinen Landschule zu unterrichten. Er hatte freiwillig die Abgeschiedenheit und Ruhe der süditalienischen Landschaft gewählt. Er wollte seinen Schülern nämlich nicht nur Lesen und Schreiben beibringen, sondern auch das ein oder andere Gedankenübertragungsexperiment durchführen.

Zunächst fungierte Lorenzo als »Sender« und versuchte seinen dreißig Schülern das Wort »albero« (Baum) zu übertragen. Keiner schrieb jedoch dieses Wort nieder.

Im zweiten Versuch wählte Ostuni das Wort »neve« (Schnee). Wieder hatte keiner der Schüler beim Abgeben der Zettel dieses Wort niedergeschrieben.

Enttäuscht drehte der Lehrer die Situation um. Nun sollten sich die Schüler auf ein Wort einigen und sich darauf konzentrieren. Dann kam Lorenzo Ostuni wieder in die Klasse und versuchte, das Wort zu »empfangen«. Sofort spürte er die Silbe »re« an »seiner Schläfe«, wie er sich erinnert.

Das gesendete Wort hieß »cuore« (Herz). Auch im zweiten Versuch dieser Art war nur ein Teilerfolg zu verzeichnen: Ostuni nahm die Silbe »ca« wahr und dachte

an etwas wie »carta« (Papier). Die Schüler dachten allerdings an »calcio« (Fußball).
Lorenzo blieb an diesen Versuchen interessiert, denn er schien immer wieder eine tonische Silbe zu empfangen.
In einem der folgenden Experimente sollte sich jeweils ein Schüler auf sein Zuhause konzentrieren. Einmal beschrieb Ostuni daraufhin in allen Einzelheiten die Einrichtung eines ärmlichen Hauses mit einem großen Tisch, an dessen Rand ein großes Stück der Tischplatte herausgebrochen war.
Aus Begeisterung über dieses Ergebnis und wegen des zugleich eintretenden seltenen Ereignisses, daß in dem süditalienischen Dorf gerade Schnee gefallen war, nahm er seine Schüler spontan mit zu dem besagten Haus, um die Angaben zu überprüfen. Es stimmte alles. Auch die Lücke im Tisch.
Auf dem Rückweg zur Schule brach sich einer der Jungen ein Bein. Und da der ganze Ausflug illegal und darüber hinaus eine nicht erlaubte Unterrichtsunterbrechung war, endete die Karriere des Dorfschullehrers früher als beabsichtigt.
Ostunis Bemühungen um die Parapsychologie blieben nicht im Theoretischen stecken. Immer wieder entwickelte er Versuchsreihen mit begabten Medien und war fasziniert von der Möglichkeit einiger Menschen, in die Zukunft zu sehen. Divination, die Begabung des Wahrsagens, faszinierte ihn immer mehr.
Sein Großvater, ein noch mit Traditionen vertrauter Mann, mag Lorenzo beeinflußt haben. Für den alten Herrn war der Ablauf des ganzen Jahres an gewisse antike Landschaftsriten geknüpft. Er sprach auch noch die alte italienische Sprache »Osca«, die man schon im Jahre 900 vor Christus verwendet hatte.
Einer seiner wichtigsten jährlichen Aktivitäten war jene, aus inneren Organen von Tieren ein »Landwirtschaftsjahr« vorauszusagen. Meist verwandte er dazu nach anti-

kem Vorbild die Milz des Schweines. Aus dem Organ dieses Tieres will er dann Regenperioden, Trockenzeiten, die besten Daten zum Säen und Ernten, selbst den Ernteertrag mit unglaublicher Genauigkeit vorausgesagt haben. Aufgrund des Milzorakels erstellte Ostunis Großvater alljährlich einen Kalender, an den er sich hielt und dessen Übereinstimmung mit tatsächlichen Fakten der Zukunft den jungen Lorenz sehr beeindruckt hat. Höhepunkt von Großvaters Bemühungen war die genaue Angabe seines Sterbedatums, das dann auch minutiös eingehalten worden sein soll.

Ostuni begann sich für Wahrsagung und archaische Divinationstechniken zu interessieren. Er studierte das Leben der Etrusker und die okkulten Überlieferungen präetruskischer Herkunft.

Verbunden mit seinen psychologischen Studien führten ihn diese Untersuchungen natürlich zu einer von der Schulweisheit abweichenden Auffassung vom Menschen. Als Lorenzo Ostuni nach Rom kam, wußte er, daß er genau auf diesem Gebiet, zwischen Psychologie und Parapsychologie, arbeiten wollte.

Er gründete ein Zentrum für psychische Forschungen, das auf vier Bereiche spezialisiert ist:

1. Das Laboratorium »Körperbefreiung«. Aufgabe dieser Abteilung ist es, in Begegnungsgruppen (die »Encounter-Gruppen« der amerikanischen Psychoszene) die Kreativität zu entwickeln.

2. Der zweite Bereich des Ostuni-Zentrums beschäftigt sich theoretisch und praktisch mit parapsychologischen Experimenten. Dabei steht die Entwicklung außersinnlicher Fähigkeiten (Gedankenübertragung, Hellsehen und ähnliches) und ihre Überprüfbarkeit im Vordergrund.

3. »Training medidativ-kathartischer Dyanismen«. Darunter versteht er das Entwickeln einer neuen Sensitivität für den eigenen Körper und Bewußtseinserweiterung für Seele und Geist. Ostuni lehrt seine Schüler in diesen

Kursen Techniken, um sich damit selbst zu vertrauen und zu erkennen.

4. Der vierte Bereich ist ein von Ostuni entwickeltes Trainingsprogramm: Magie, Mystik, Esoterik und experimentelle Parapsychologie (hier verstanden als Wahrsagekunst). Manche seiner besonders »gelehrigen« – oder soll man sagen »begabten« – Schüler, erfahren anschließend noch eine Spezialausbildung, die sie dazu berechtigt, aktiv am Theater der neunundneunzig Chimären mitzuwirken.

PSI im ewigen Rom

Die Hauptstadt der Parapsychologie

»Roma eterna« – das ewige Rom – ist nicht nur die Hauptstadt Italiens, sondern auch die heimliche Hauptstadt der Parapsychologie. Dort treffen alle Richtungen dieses Forschungsgebietes zusammen. Vom Wahrsager in einem dunklen Hausgang bis zu den Vorträgen der »Società Italiana di Parapsicologia« am Institut für Statistik der Römischen Universität finden sich alle Abstufungen der Para-Szene.
Es gehört noch immer zum guten Ton der aristokratischen Klasse, sich durch Séancen und Wahrsager unterhalten zu lassen. Deshalb blüht in Rom nach wie vor das Geschäft der Okkult-Schwindler. Spiritistische Sitzungen in Katakomben werden angeboten, bei denen weißschimmerndes Ektoplasma aus den Mündern skurriler Medien läuft. Auch trifft man sich gerne in den alten Häusern im Künstlerviertel rund um die Via Margutta, um bei »schreibenden Tischchen« und dem »Glasrükken« die Geister Verstorbener zu zitieren. Das hat sich seit Jahrzehnten nicht geändert.
Im Jahre 1937 wurde in Rom die »Società di Metapsichica« (SIM – Italienische Gesellschaft für Metaphysik) gegründet und 1953 in die »Società Italiana di Parapsicologia« (SIP – Italienische Gesellschaft für Parapsychologie) umbenannt. Mit besonderem Stolz vergessen die leitenden Mitglieder nie, darauf hinzuweisen, daß sie die einzige italienische Gesellschaft für Parapsychologie ist, die vom Staat offiziell anerkannt wird. Auf finanzielle Unterstützung hofft man allerdings vergebens.
Der »große Mann« der SIP gilt als unantastbare Autorität: Professor Emilie Servadio.

Der kleine, energiegeladene Universitätsprofessor für Psychologie gilt in der ganzen Welt als einer der Pioniere der Psychoanalyse. Für Parapsychologie hat sich Servadio bereits in den dreißiger Jahren interessiert. Zu internationaler Geltung gelangte er durch seine Freundschaft zu einem der größten Medien dieses Jahrhunderts, der 1970 verstorbenen Amerikanerin Eileen Garrett, die er unter vielen anderen sensitiv begabten Menschen für seine Forschungen aussuchte.
Eileen Garrett ist die Gründerin der »Parapsychology Foundation« in New York. Ziel dieser Vereinigung ist es, fundierte Forschungen auf diesem Gebiet finanziell zu unterstützen. Bis heute gewährt die Foundation immer wieder Gelder und organisiert jedes Jahr eine weltweit beachtete Konferenz, zu der führende Parapsychologen und andere internationale Wissenschaftler eingeladen werden. Nicht selten finden sich bei diesen Tagungen auch Nobelpreisträger ein.
Während der Konferenz dieser Vereinigung in Montreal erregte 1978 der Italiener Servadio mit seinem Beitrag »Das Leib-Seele-Problem, Realität und PSI« erhebliches Aufsehen. In diesem Beitrag behandelte er in Anlehnung an psychoanalytische Kategorien die Bedeutung von Realität und Ich. Servadio vertritt die Auffassung, daß jener Teil, der nicht zum Körper einer Person gehört, also die unbewußten Teile seiner Psyche, die eigentliche Realität sind. Der Körper wird als »ausgeliehen« betrachtet wie in vielen »primitiven« Kosmologien und Mythologien.
Die Befreiung des Ichs vom Körper hin zum Unbewußten, zur Realität, wird erlebt als »Sterben« und »Wiedergeborenwerden«. Deshalb, so meint Servadio, beschreiben viele mystische und esoterische Doktrinen eine symbolische »Passage durch den Tod«. Servadio hat über fast alle Bereiche der Parapsychologie geschrieben, von telepathischen Erfahrungen während psychoanalyti-

scher Sitzungen über Studien an »Dorf-Magiern« in abgelegenen süditalienischen Dörfern bis hin zu theoretischen Auseinandersetzungen mit dem Gesamtbereich der Parapsychologie. Er sieht die Rolle dieser Wissenschaft auf seine Weise: »Die Psychoanalyse hat dem Menschen eine dritte Dimension seiner selbst offenbart«, sagt Servadio. »Ich bin überzeugt, daß die Parapsychologie das Verständnis des Menschen um eine vierte Dimension erweitern kann.«

Bei den PSI-Phänomenen unterscheiden Parapsychologen zwischen der aniministischen Variante, einem von lebenden Personen ausgelösten Effekt, und der spiritistischen Form, der Beeinflussung durch eventuelle Geister anderer Bewußtseinsebenen.

Für Emilio Servadio ist die spiritistische Hypothese nicht wissenschaftlich untermauert, deshalb zwar nicht abzulehnen, aber ebensowenig als Lehrmeinung anzunehmen. Er hat selbst auch Untersuchungen im Bereich des Mediumismus angestellt, der zumeist mit Spiritismus in Zusammenhang gebracht wird.

Über mehrere Jahre hinweg war Servadio einer der Untersucher des Phänomens Eileen Garrett. Frau Garrett fiel gewöhnlich in Trance, und zwei »Entitäten« (Geistwesen, d. Red.) meldeten sich durch sie. Sie nannten sich Uvani und Abdulativ. Diese »Wesenheiten« berichteten Fakten, von denen das Medium keine Ahnung hatte und die es auch nicht kennen konnte. Diese Fakten waren überprüft und für echt befunden worden.

Die Tätigkeit als Medium beschäftigte Eileen Garrett ihr ganzes Leben lang, und die von ihr produzierten Phänomene sind noch immer ungeklärt.

Für Servadio heißt das noch lange nicht, daß hier spiritistische Thesen zur Erklärung herangezogen werden müssen.

Auch hier äußert er sich optimistisch: »Die psychologischen Wissenschaften sind sehr jung. Vor dreißig Jahren waren Phänomene, die heute selbstverständlich sind, noch unerklärbar. Vielleicht können wir in dreißig Jahren eine Erklärung für jene Fakten finden, die heute noch undurchsichtig sind.«

Servadios Einstellung hat dazu geführt, daß viele italienische Parapsychologen, denen eine spiritistische Interpretation nahesteht, gegen seine Position Stellung beziehen. Für diese Forscher ist Servadio schlicht ein »Wissenschaftsgläubiger«. In Wahrheit versucht der Psychoanalytiker immer, das ausgeglichene Bild aufrechtzuerhalten. Er bezeichnet seine Sichtweise sogar als »spiritualistisch«, um sich eindeutig von jeglicher materialistischen Position abzuheben. Für ihn ist das »primum movens« (das auslösende Moment), wie er sich ausdrückt, auf jeden Fall immateriell und spirituell. »Aber mit diesen Ansichten kann ich nicht in einer wissenschaftlichen Diskussion argumentieren«, verteidigt sich der Parapsychologe.

Ebenfalls zum Kreis der SIP gehört Sergio Bernardi, ein Mann, der nicht publiziert, kaum in die Öffentlichkeit tritt und trotzdem als scharfsinniger Denker sehr viel über Parapsychologie zu sagen hat. Als wir zusammen mit dem Pater diskutierten, erklärte Bernardi: »Ich verstehe die Parapsychologen nicht, die tagaus, tagein in ihren Studios sitzen und darauf warten, daß die außergewöhnlichen Medien zu ihnen kommen. Aber niemand kommt, natürlich nicht. Man muß hinausgehen in die Dörfer, in die Städte, aufs Land. Italien ist voll von paranormal begabten Menschen. Aber nicht nur Italien.

Als ich vor kurzem in Tunesien war, fragte ich einfach in jedem Dorf nach dem ›Magier‹ oder der ›Dorfhexe‹ und ich lernte die außergewöhnlichsten Leute kennen; den Magier etwa, der als Einsiedler unweit des Höhlendorfes Matmata lebt und der mir mit Hilfe des Werfens archaischer Orakelsteine Dinge erzählte, die sich auf meiner Reise zugetragen hatten. In Italien ist das nicht anders. Ich habe herausgefunden, daß Klöster ein besonders guter Ort sind, um parapsychologisch Interessantes aufzuspüren. In vielen Klöstern, die ich besucht habe, werden die seltsamsten Dinge hinter vorgehaltener Hand erzählt. Kürzlich habe ich ein Kloster in der Toskana gefunden, wo sich ein levitierender (Levitation = Leichtigkeit. Menschen, die sich in die Luft erheben können. D. Red.) Pater befinden soll.«

Dazu haben wir alle gleich die Assoziation: Guiseppe da Copertino, der im 17. Jahrhundert durch eigene Levitation während der von ihm gelesenen Messen mehr als nur lokales Aufsehen erregte.

Das Phänomen ist vielfach bei Heiligen verschiedener Religionen bezeugt. Allein aus dem christlichen Bereich sind 72 Fälle dokumentiert. Der Wissenschaftler Giordano Bruno (1548–1600) bezeugt »die oft stundenlange Levitation« des Thomas von Aquin.

Die katholische Kirche wertet das Phänomen allerdings nicht als Wunder, sondern eher als Zeichen dämonischer Besessenheit.

Dr. Anna Maria Turi, die ebenfalls an unserem Gespräch teilnimmt, lächelt. Erst vor kurzer Zeit ist ihr Buch erschienen, das ausschließlich die Levitation behandelt und ausführlich auf die Geschichte des Guiseppe da Copertino eingeht.

»Ja«, fährt Bernardi fort, »Guiseppe da Copertinos gibt es auch heute noch. Natürlich sind sie schwer zu finden und noch schwerer ist es, sie wirklich in Aktion zu sehen. Aber wenn wir nicht endlich anfangen, diese Leute zu suchen, dann werden wir bestenfalls beim Erraten von Spielkarten in keimfreien Labors steckenbleiben.«

Diese Gefahr ist allerdings in Italien nicht besonders groß, denn die meisten Parapsychologen wollen von statistischen Experimenten wenig wissen. Aber dennoch: der Optimismus von Sergio Bernardi ist nicht unberechtigt, bedenkt man, wie reich Italien an Medien, Heilern und spontanen Phänomenen ist.

Die Kunststücke des Dr. Rol

PSI oder Trick?

Italienische Privatsender haben mit ihren PSI-Themen hohe Einschaltzahlen, und der Vielfalt der Para-Zeitschriften entsprechen ebenso vielfältige und schillernde PSI-Begabungen in diesem Land.
Seit Jahren macht ein Mann in Turin von sich reden: Gustavo Adolfo Rol. Seit 1927 demonstriert der skurrile Dr. Rol seine paranormalen Fähigkeiten. Jeder italienische Parapsychologe, der etwas auf sich hält, hat versucht, früher oder später mit Rol zusammenzukommen. Massimo Inardi, der Bologneser Arzt und Parapsychologe, der Rol an einigen Abenden beobachten konnte, sagt über ihn: »Wenn man mit Rol arbeitet, hat man den Eindruck, einem Phänomen gegenüberzustehen, das auf einer grenzenlosen Begabung fußt, ohne Dimension, ohne Grenzen. Man fühlt sich klein gegenüber den Dingen, die etwas Übermenschliches, sogar etwas ›Nichtmenschliches‹ an sich haben.«
Rol produziert diese unglaublichen Phänomene mit einer atemberaubenden Einfachheit.
Eine typische Rolsche Demonstration: Fünf vollständige Kartenpakete werden einzeln von den Anwesenden gemischt (in diesem beschriebenen Fall von dem Genueser Parapsychologen Alfredo Ferraro, dessen Frau und dem Turiner Journalisten Remo Lugli), dann mit dem Rücken nach oben auf den Tisch gelegt. Mit Hilfe eines komplizierten Zufallprozesses wählt Ferraros Frau schließlich eine Karte aus einem der Päckchen aus: es ist die Herzfünf. Daraufhin tritt Rol in Aktion. Von allen übrigen Kartenpäckchen hebt er jeweils die erste Karte ab: Es sind alles Herzfünf-Karten!

Kartenphänomene sind Rols Spezialität, aber auch andere unerklärliche Geschehnisse werden immer wieder von diesem Mann berichtet, der so schwer zugänglich ist, aber so außergewöhnlich zu sein scheint.
Der Mailänder Journalist Renzo Allegri, der mehrere Tage mit Rol verbrachte, berichtete von den unglaublichsten Dingen. Als er einmal mit Rol zusammen in einem Restaurant saß, bedeutete ihm Rol, das Tischtuch eines nichtsahnenden Gastes an einem anderen Tisch zu beobachten. Im selben Augenblick wurde auf diesem Tuch eine Schrift mit einem nicht besonders anständigen Kraftausdruck sichtbar. Der Tischnachbar war entsetzt, zahlte und verließ völlig verwirrt das Lokal.
Nur eins macht Schwierigkeiten, wenn Parapsychologen mit Rol arbeiten wollen: Er unterwirft sich nie den Bedingungen der Untersucher, und keine Macht der Welt – so scheint es jedenfalls – könnte ihn jemals in ein Labor bringen. Trotzdem zögert der Parapsychologe Inardi nicht, zu behaupten, daß er sich nach Versuchen mit Rol nicht des Eindrucks erwehren konnte, »daß ich einem Wesen gegenüberstand, von dem nur der physische Aspekt und das Verhalten menschlich genannt werden kann. Alles andere scheint jenseits jeder irdischen Konzeption menschlicher Möglichkeiten zu liegen.«
Ebenso jenseits des Faßbaren scheinen sich die Kartenphänomene des Sensitiven Claudio Cabianca zu bewegen. Er hat angeblich wiederholt eine markierte Karte, die auf der Tischplatte lag und über die er seine Hand legte, nach kurzer Konzentration »durch die Platte hindurch« auf den Fußboden befördert. Aber noch viel komplexer und atemberaubender war jenes Phänomen, das der Journalist Paul House beobachtet hatte: Cabianca ließ ein neues Kartenpäckchen mischen. Dann hielt er für einige Zeit seine Hand über die Karten, ohne sie zu bewegen. Nach wenigen Minuten verkündete er, daß drei bestimmte Karten aus dem Päckchen verschwunden

seien; er will sie »dematerialisiert« haben, um sie an einem anderen Ort wieder zu »rematerialisieren«. In der Tat fehlten die drei angegebenen Karten. Cabianca gab an, daß sich diese in einem weißen Buch in der angrenzenden Bibliothek befinden müßten, die während des ganzen Versuches verschlossen war.
Als einer der Untersucher das erste weiße Buch, das er finden konnte, herausnahm, fiel eine der drei Karten heraus. Auch die beiden anderen befanden sich in dem Buch.
House nahm die herausgefallene Karte an sich und steckte das Buch mit den restlichen Karten wieder ins Regal. Dann verschloß er den Raum erneut und ging zu Cabianca zurück. Dieser sollte jetzt angeben, zwischen welchen Seiten sich die »apportierten« Karten befinden würden. Prompt nannte Cabianca die richtigen Seiten für zwei Karten, für die dritte konnte er nichts aussagen: »Irgend etwas stimmt damit nicht.«
Daraufhin zog der völlig verblüffte Untersucher erst die zuvor an sich genommene dritte Karte aus der Tasche.
Zweifellos sind diese Phänomene frappierend und äußerst selten. Doch bleibt die Schwierigkeit, solche Geschehnisse mit letzter Sicherheit als paranormal einzustufen. Allein die der Bühnenmagie verwandte Art, Spielkarten zu benutzen, reizt zu Einwänden. Dennoch haben sich viele Beobachter der Phänomene von Rol und Cabianca äußerst positiv geäußert. Ja, sie verbürgen sich geradezu für die »Echtheit eines übersinnlichen Geschehens«.
Eine andere Klasse von Phänomenen wurde von Piero Cassoli bereits in den fünfziger Jahren an Pasqualina Pezzuolo untersucht. Diese Frau war und ist in der Lage, genaueste paranormale Diagnosen zu stellen. Dabei beschreibt sie ihre Vorgangsweise als eine Reise durch den Körper eines Patienten. In Sekundenschnelle will Pasqualina »durch einen Menschen« reisen, um ihm

dann in allen Einzelheiten die krankhaften Stellen zu beschreiben.
Spezialisiert ist die inzwischen betagte Sensitive auch auf Ferndiagnosen: Sie setzt sich in ihren bequemen Lehnstuhl, schließt die Augen und in wenigen Minuten »fliegt« sie in ein beliebiges europäisches Land, um einen Patienten zu »untersuchen«. Dann nennt sie ihre Diagnose und gibt auch schon mal eine mögliche Therapie an, die dem Kranken Heilung bringen soll.
Diagnosen »aus Übersee« dauern etwas länger. Aber nach etwa zwanzig Minuten äußert sich Pasqualina über organische und seelische Strukturen eines Menschen, den sie noch nie in ihrem Leben gesehen und von dem man ihr nur den Namen und seinen Aufenthaltsort genannt hat.
Cassoli: »Eines der außergewöhnlichsten Phänomene, die ich kenne.«
Für den Kenner der internationalen parapsychologischen Szene freilich kein unbekanntes Phänomen. Beispielhaft ist der amerikanische Farmerssohn Edgar Cayce, der schon in frühester Jugend erstaunliche PSI-Begabungen entwickelte und später als »der schlafende Prophet« exakte Zukunftsvoraussagen abgab und sich dabei zu einem außerordentlich begabten medizinischen Diagnostiker entwickelte.
Eine Reihe von Ärzten aus Hopkinsville und Bowling Green (Kentucky) zogen Nutzen aus Cayces einzigartiger Begabung und setzten sie ein bei der Behandlung ihrer Patienten. Sie fanden bald heraus, daß sie Cayce lediglich den Namen und die Anschrift des Patienten nennen mußten, worauf dieser sich telepathisch mit »dem Geist und dem Körper des Kranken einzustimmen versuchte« (Zitat aus einem Untersuchungsbericht).
Cayces Erfolge sind längst überprüft und für echt befunden worden. Bei seinem Tod hinterließ er mehr als 14 000 Protokolle seiner telepathisch-hellseherischen

Aussagen, die er in einem Zeitraum von 43 Jahren gemacht hatte und die sich sowohl auf allgemeine Zeitumstände als auch auf über 8000 individuelle Zielpersonen bezogen. Diese Dokumente, die »Cayceschen Readings«, sind in der »Association for Research and Enlightment« in Virginia Beach gesammelt und wissenschaftlich interessierten Zeitgenossen zugänglich.

In der TV-Sendereihe UNGLAUBLICHE GESCHICHTEN bei RTL PLUS stellten wir den Weseler Psychologen Karlheinz Villbrandt vor, der ähnliche Fähigkeiten auch bei einer seiner Patientinnen entdeckte. Die Verwaltungsangestellte Ute Bierbaum scheint in Trance in der Lage zu sein, mit dem Unbewußten anderer Personen in Kontakt zu treten und dabei verborgene Defekte aufzuspüren. So beschrieb sie während einer Live-Demonstration im Fernsehstudio den seelischen und körperlichen Zustand einer neunzehnjährigen Schülerin aus dem Saarland, die sie nicht kannte und die sich getrennt von ihr in einem anderen Teil des Ateliers befand.

»Heike ist glücklich. Eine große Last ist von ihr genommen«, sagte sie. Heike hatte tatsächlich gerade das Abitur bestanden.

»Heike ist krank, wenn sie mit einem Schiff fährt. Es wird ihr übel«, sagte das Medium Ute in Trance. Tatsächlich hatte Heike in den Ferien eine Schiffsreise im Mittelmeer gemacht und war dabei häufig seekrank gewesen. Ute nannte ein probates Mittel, um solchem Übel in Zukunft vorzubeugen: Ingwer. Heike soll vor jeder Seereise Ingwer-Wurzeln kauen. Nach der Sendung schrieb eine deutsche Ärztin, daß sie »Ingwer« als Vorbeugung gegen Seekrankheit in einem alten medizinischen Lexikon entdeckt habe.

Ähnlich wie Pasqualina Pezzuolo in Italien oder Edgar Cayce in den Vereinigten Staaten scheint Ute Bierbaum in Wesel mit einer sich jeder naturwissenschaftlichen

Erklärung entziehenden Begabung ausgestattet zu sein. Mit höchstens drei Sitzungen in der Woche macht sie davon allerdings nur wenig Gebrauch. Doch hat sie dabei schon jetzt feststellen müssen, daß ihre Einstellung zum Leben, zu den Fragen des Seins und dem Tod sich positiv verändert hat. Ihr Freundeskreis reagiert abwehrend auf Utes neue Erfahrungen und sie muß aufpassen, gesellschaftlich nicht isoliert zu werden.

Der Fürst von San Severo

Vom Wirken und Erscheinen eines Magiers

Auf der Biennale von Venedig wurde im Sommer 1986 eine Abteilung für Geschichte, Kunst und Alchemie eröffnet, in der unter anderem der geheimnisvolle Nachlaß des Raimondo di Sangro, des Fürsten von San Severo, ausgestellt ist. Auf einer Unzahl von handschriftlich verfaßten Dokumenten werden magische Zeremonien, aber auch Hinweise zur Herstellung mysteriöser Tinkturen und Heilsalben beschrieben. Die Papiere befanden sich in einer alten, einst versiegelten Truhe, die ebenfalls ausgestellt ist. Ein Porträt aus Wachs zeigt den Fürsten im Alter von siebzehn Jahren. Eine alte, nicht mehr funktionierende Uhr ist ebenfalls als früheres Eigentum des neapolitanischen Adligen auszumachen.
Die Dokumente wurden einer fachmännischen Analyse durch drei unabhängig voneinander arbeitenden Handschrift-Experten unterzogen und eindeutig als von der Hand des Fürsten stammend interpretiert. Historiker erhielten mit diesen gerade entdeckten Gegenständen wertvolles Material, das mit Sicherheit die bisherige Einschätzung des Fürsten verändern wird. Raimondo galt in den Überlieferungen als grausamer Despot, der Menschen opferte, um alchimistische und anatomische Studien zu treiben.
In dem nun entdeckten Werk befinden sich medizinische Rezepte für die Behandlung von Krebs, in denen die Rede von der Verwendung eines Extraktes aus Immergrün ist. Längst ist heute die positive Wirkung dieses Stoffes gegen bösartige Geschwulste bekannt. In der Truhe befand sich auch das spirituelle Testament des Fürsten mit einer Botschaft für kommende Generatio-

nen und einer Vorhersage des eigenen Todes, der exakt auf die Minute später auch eingetreten war. Auf anderen Dokumenten wird die Bedeutung der in der Kapelle von San Severo aufgestellten Statuen erklärt, die er als einen Freimaurer-Tempel bezeichnet, in dem die geheimen Offenbarungen dieses Ordens verschlüsselt aufbewahrt würden.
In der vielleicht beeindruckendsten Hinterlassenschaft des Fürsten ist von einem sogenannten »weißen Strahl« die Rede, von unsichtbarer Energie, die verhängnisvolle Gefahren für die Menschen haben könne. Historisch nachgewiesen war bisher, daß der Fürst sich beim Experimentieren Vergiftungen zugezogen hatte, die schließlich zu seinem Tod geführt haben mußten.
In dem ausgestellten Brief warnt denn auch Raimondo di Sangro die Nachwelt, sich vor den Gefahren zu hüten, die im Umgang und im Gebrauch von Mineralien vom Typ »aktiver Strahl« liegen. Eine Warnung vor der Beschäftigung mit Radioaktivität, die uns über die Jahrhunderte hinweg erreicht?
Reichlich mysteriös ist die Geschichte der Entdeckungen all dieser Dokumente und Gegenstände. Es begann damit, daß sich im Hause der Clara M. (ihr Familienname soll auf ihren Wunsch verschwiegen werden. D. Red.) im Jahre 1975 Papiere fanden, die mit einer roten Flüssigkeit beschrieben waren. Die Handschrift trug alle Charakteristika eines anderen Jahrhunderts. Wann immer Clara M. diese Dokumente fand, war die Schrift noch feucht, und hinter den Initialen »R.d.S.S.« standen die zu einem Dreieck angeordneten drei Punkte, das Symbol der Freimaurerloge, deren Großmeister der Fürst von San Severo gewesen war.
Experten kamen zu dem Ergebnis, daß das Schriftbild der mit roter Flüssigkeit beschriebenen Papiere mit den nachweislich aus dem 17. Jahrhundert stammenden Dokumenten aus der Truhe identisch ist.

Im Laufe der Zeit tauchten jedoch auch andere Objekte überraschend bei der jungen Frau aus Neapel auf: Uhren aus dem 17. Jahrhundert, ein Goldbarren, eine Hand aus Gold und ein heidnisches Schutzsymbol.
Die italienische Parapsychologin Dr. Paola Giovetti, die den »Fall Clara M.« untersucht, berichtet, daß sich die Gegenstände ganz plötzlich in den Händen des Mediums oder in seiner Nähe materialisierten oder »einfach nur von oben herunterfielen«. Keiner weiß, woher.
Später fand Clara M. im Dienstbotenzimmer des alten Palazzo ein Bildnis des Fürsten an der Wand. Es war wieder mit roter Farbe gemalt und zum Zeitpunkt der Entdeckung noch ganz frisch. Eine der an die Neapolitanerin geschriebene Botschaft lautet: »Es ist eine Wohltat. Ich kann schreiben, weil mir die Energie das gestattet hat. Wieviel Gefasel über mein Werk als Wissenschaftler. Die anatomischen Maschinen sind nicht metallisiert. Ich habe nie auf diese Weise gearbeitet. Viele Denunzianten besudeln die Erinnerung an mich. Ich habe dich ausgewählt. Raimondo di Sangro Principe di San Severo.«
In der Tat war in späteren Jahrhunderten immer wieder behauptet worden, der Fürst habe zwei seiner Dienstboten töten lassen, um ihnen flüssiges Metall in das Gefäßsystem zu spritzen. Nach dem Zerfall der Körper hätte er dann exakte Modelle für anatomische Studien gehabt.
In der Kapelle von San Severo sind diese beiden grausig anzusehenden Gestalten als »anatomische Maschinen« noch heute zu besichtigen: Adern, Venen und Arterien schlingen sich um die Skelette zweier Menschen.
Andere Gerüchte besagten über Jahrhunderte hinweg, der ebenfalls in der Kapelle ausgestellte verschleierte Christus sei von dem Bildhauer Sammartino unter Hypnose und unter Mitwirkung des Teufels entstanden.
Der Fürst soll den Künstler nach Vollendung seines Werkes geblendet haben, um zu verhindern, daß ein ähnliches Meisterstück noch einmal entstünde.

Fremdenführer erzählen staunenden Touristen noch heute solche Schauergeschichten.
Ungeklärt ist freilich, warum die Christus-Skulptur und auch zwei weitere Ausstellungsstücke mit den Namen »Die Enttäuschung« und »Die Schamhaftigkeit« mit einem durchsichtigen Schleier verhüllt sind, der nicht zum Material der Statuen gehört.
Aufklärung sollte erst das Testament des Fürsten bringen, das Clara M. auf rätselhafte Weise zugespielt wurde. Eines Tages fand sie in ihrem Wohnzimmer eine weitere, mit roter Farbe geschriebene Botschaft, die auf das Archiv des Bezirksnotariats von Neapel hinwies, in dem sich der Nachlaß des Fürsten finden würde.
Tatsächlich konnte Clara M. mit Hilfe des Konservators Dr. Nicola Sciaudone nach längerem Suchen sowohl das Testament als auch weitere wichtige Papiere aus der Hinterlassenschaft des Fürsten aufspüren.
In einem inzwischen vergilbten Vertrag, den er mit dem Arzt Joseph Salerno aus Palermo geschlossen hatte, verpflichtete er sich zur Herstellung besagter anatomischer Maschinen, deren Gefäßsystem aus Wachs herzustellen sei. Der Mediziner lieferte die dazu nötigen Skelette aus dem Leichenhaus. Die Modelle sollten später Professoren der medizinischen Universität als Schaustücke zur Verfügung gestellt werden, um die damals herrschenden anatomischen Unkenntnisse zu beheben.
Eine Analyse des nationalen Forschungszentrums in Neapel bestätigt diese Aussage: die grausigen Menschenstatuen in der Krypta der San-Severo-Kapelle bestehen aus Draht, Schnüren, Wachs und Farben. Das Gefäßsystem ist auf kunstvolle Weise täuschend ähnlich modelliert worden.
Ein weiteres im Bezirksnotariat von Neapel gefundenes Dokument deutet darauf hin, daß der Palazzo der Clara M. vor dreihundert Jahren die Wirkungsstätte des Fürsten gewesen sein muß. Dies ist wohl auch der Grund,

warum all die merkwürdigen Dinge bei Clara M. passieren, die sich bisher weder mit Esoterik noch mit dem Wesen des Okkultismus befaßte.
Inzwischen ist ihr jedoch klargeworden, daß der über Jahrhunderte hinweg von seiner Nachwelt falsch eingeschätzte Adlige wohl so eine Art Rehabilitierungskampagne aus dem Jenseits einleitete und sich dabei ihrer Medialität bedient.
Nach dem ersten Schrecken ist Clara M. mit akribischer Sorgfalt dabei, ein historisch genaues Bild des Fürsten von San Severo zu zeichnen. In drei bereits von ihr veröffentlichten Werken »Der Fürst von San Severo«, »Der Schatz des Fürsten von San Severo« und »Gott schuf den Menschen und die Freimaurerei« hat Professor Aldo Rosso, Dozent für wissenschaftliche Geschichte an der Universität von Genua, das Vorwort geschrieben.
»Der Fürst war ein Mann von hohem Ansehen, Geist und Zivilcourage«, schildert Clara M. jenen Mann, der seine mysteriösen Nachrichten in ihrem Haus regelmäßig verteilt. »Er hatte das Wohlwollen Friedrich des Großen, war Wissenschaftler, Alchimist und Erfinder. Ein äußerst kultivierter Mensch und Kunstliebhaber. Aus künstlichem Wachs konstruierte er unter anderem ein wasserdichtes Gewebe, aus dem sich der Bourbone Karl III. Regenmäntel für die Jagd schneidern ließ. Er konstruierte eine hydraulische Maschine mit einem geschlossenen Kreislauf, Repetiergewehre und anderes mehr. Die Zugehörigkeit zur Freimaurerei und sein alchemistisches Labor mögen wohl der Grund gewesen sein, daß die Neapolitaner ihn als diabolische Persönlichkeit einstuften, die zu jeder Schandtat fähig sei!«
Claras Leben stand in den letzten Jahren ganz im Bannkreis der historischen Persönlichkeit des Fürsten. Als ihr klargeworden war, daß sie sein früheres Haus bewohnte, begann sie mit einem Begleiter in die Höhlen unter dem

Palazzo zu steigen. Nach längerem Suchen fanden sie unter Schutt einen fast zerfallenen Tisch, verrostetes Gerät und eine alchemistische Formel auf der Mauer. Sie hatten das Laboratorium des Fürsten entdeckt.
Einige Tage später fand Clara M. wieder einen mit roter Tinktur beschriebenen Zettel mit einem Hinweis auf ein bestimmtes Zimmer des Herrschaftshauses, das unberührt seit dem 17. Jahrhundert erhalten war. Unter dem Fußbodenbelag fand sie dann die mit einem vermoderten Tuch eingehüllte Truhe, deren Inhalt auf der Biennale ausgestellt worden war.
In einem Dokument wird ausführlich jene seltsame Substanz beschrieben, aus der die Schleier der in der San-Severo-Kapelle aufbewahrten Skulpturen hergestellt wurden. Danach hat der Fürst die Statuen mit einem Schleier aus hochwertigem Stoff bedeckt, der mit Kalkmilch getränkt war, so daß er sich perfekt den Formen der Figuren anpaßte. Die Hitze aus dem Kohleofen hat eine chemische Reaktion ausgelöst, die schließlich zur Erhärtung des durchsichtigen, marmorähnlichen Überzugs führte. Doch nicht nur Botschaften von der Hand des Fürsten erreichen die junge Frau aus Neapel, manchmal ändert sich ihre Verhaltensweise und sie spricht mit tiefer, männlicher Stimme. Hat der Geist des toten Fürsten dann von ihr Besitz ergriffen?
Die Parapsychologin Dr. Paola Giovetti wurde Zeugin einer solchen Szene.
Dr. Giovetti: »Es ist natürlich bemerkenswert, daß Clara M. ein Haus bewohnt, das nach den Dokumenten aus dem Zentralarchiv der Sitz des alchemistischen Labors des Fürsten gewesen war. Die paranormalen Manifestationen erfolgen also an historischer Stätte und über einen Menschen, der dort wohnt.«
Beim Betreten des Schlafzimmers von Clara M. fällt Dr. Giovettis Blick auf eine kleine Statue neben dem Bett. »Etwas Dunkles tropfte vom Kopf der Figur auf die

Kommode und bildete eine kleine Lache. Als ich nähertrat, sah ich, daß es sich um eine rote Flüssigkeit handelte, die ähnlich wie frisches Blut aussah. Die Flüssigkeit trocknete sofort«, erzählt Dr. Giovetti.
Clara M. erklärt, daß dieses Phänomen häufig auftrete und nur bedeute, daß der Fürst die Besucherin als willkommenen Gast betrachtete.
Dr. Giovetti: »Irgendwie hatte sich die Frau beim Sprechen verändert. Der Blick war starr, die Stimme hatte deutlich ein männliches Timbre angenommen. Auch der starke neapolitanische Akzent, den sie sonst sprach, war verschwunden. Wie ich mich erinnerte, war der Fürst in Apulien geboren und hatte in Rom studiert!«
Es folgt eine einstündige Unterhaltung in einem, was einzelne Worte als auch den Satzbau betrifft, nicht mehr gebräuchlichen Italienisch. Paola Giovetti notiert den brennenden Wunsch des Fürsten nach Wiedergutmachung.
»Clara M. sprach in der ›Ich‹-Form vom Fürsten. Sie betonte seinen eigenwilligen und rebellischen Charakter und die Tatsache, wie sehr er seiner Zeit voraus gewesen war«, berichtete Frau Giovetti. »Dies ist der Grund für die völlig ungerechtfertigten Gerüchte, die um ihn entstanden waren.«
Nach Giovettis Aufzeichnungen sprach »der Fürst« auch von Gott als »reinem Licht, ein Licht, wie es die Menschheit bei all ihrem Fortschritt niemals hervorbringen kann«.
Offenbar reichen die von Clara M. geschriebenen Bücher dem Fürsten zur Herstellung seines wahren Geschichtsbildes nicht aus, und er sieht in der Parapsychologin Giovetti eine willkommene Person, die ihm bei der Wiederherstellung seines lädierten Rufes behilflich sein kann. Denn vor ihren erstaunten Augen öffnet Clara M. die Hände, zeigt die leeren Handflächen und ballt sie zur Faust. Als sie die Hand wieder öffnet, liegt ein leuch-

tendes Schmuckstück von der Größe eines Fingernagels und der Form eines Herzens darin.
Später stellt sich heraus, daß der Gegenstand aus massivem Gold ist.
Die Stimme entschuldigt sich bei Paola Giovetti, daß das Objekt so klein sei. Aber es käme von Herzen.
Giovetti: »Ich bedankte mich und schüttelte Clara M. die Hand. Da schien das Medium plötzlich einzuschlafen, öffnete aber nach ein paar Minuten die Augen und war als die Frau zu erkennen, die mich an der Haustür begrüßt hatte. Sie ließ sich sagen, was geschehen war, weil sie in Trance nichts wahrgenommen habe.«
Clara kann über das viele »Blut«, das bei all diesen Erscheinungen »fließt«, nur spekulieren. In jedem Fall scheint es ein wichtiges Element der aufgezeigten Phänomene zu sein.
Clara M.: »Das Blut ist das Symbol des Lebens. Der Fürst gehörte ja zum Tempelorden, zu den Hütern des Heiligen Grals, des Kelches, in dem das Blut von Christus am Kreuz gesammelt worden sein soll.«
Der Parapsychologe Professor Dr. Giorgio di Simone, Dozent an der Universität von Neapel, beschäftigt sich seit sechs Jahren mit dem mysteriösen Geschehen um Clara M. und die Figur des Fürsten von San Severo. Er hat auch die Flüssigkeit untersuchen lassen, mit der die geheimnisvollen Botschaften geschrieben worden sind.
Danach handelt es sich eindeutig um menschliches Blut der Blutgruppe »A positiv«. Die Blutgruppe von Clara M. aber ist »AB positiv«.
Dr. Giorgio di Simone: »Ich habe gesehen, wie wertvolle Objekte per Apport auftauchten und habe selbst einige Mitteilungen gefunden, auf denen die Schrift noch feucht gewesen ist.
Einmal war eine solche Botschaft auf einem kleinen Zettel in einem vorher verschlossenen Päckchen Zigaretten

verborgen und einmal in einer versiegelten Tonkassette, die ich vorher zum Aufnehmen gekauft hatte.«
Der Parapsychologe gibt zu, daß das gesamte Erscheinungsbild des Falles nach bekannten Naturgesetzen nicht zu erklären ist.
Professor di Simone: »Es läßt mich an eine Ursache denken, die möglicherweise außerhalb des menschlichen Bereichs liegt und die offensichtlich einen wirkungsvollen Ansatzpunkt in der medialen Sensibilität dieser Frau gefunden hat.«

Blick in die Zeit

Ein Mönch und »die größte Erfindung der Menschheit«

Die unglaublichste aller italienischen Geschichten wurde im Oktober 1986 in Trento am Ufer des Gardasees erzählt. Mit Spannung erwarteten die Teilnehmer eines von der Zeitschrift »Astra« veranstalteten Kongresses den Auftritt des Benediktiner-Paters Alfredo Pellegrino Ernetti, der durch sein Erscheinen ein jahrelang selbstauferlegtes Schweigen gebrochen hat.
In seinem Vortrag »Theologie – Wissenschaft – Magie« behauptet er unter anderem, daß er von der Existenz einer Maschine wisse, mit der man Bilder und Töne aus jeder beliebigen Epoche der Erdgeschichte wieder rekonstruieren könne: den »Chronovisor«. Er selbst habe damit schon eine Szene verfolgen können, die sich auf dem »Forum Holitorium«, dem Frucht- und Gemüsemarkt des alten Rom, ereignete. Männer und Frauen, Tiere, Pflanzen und Häuser seien deutlich auszumachen gewesen.
Auch eine nur noch in wenigen Bruchstücken vorhandene Oper, die 169 vor Christus während der Apollinarischen Spiele in Rom aufgeführt worden war, habe er in voller Länge aufzeichnen können. Ernetti berichtete den verblüfften Zuhörern von den verschlüsselten Voraussagen des französischen Sehers Nostradamus, der in einem seiner Vierzeiler von einem großen, magnetischen Band spreche, auf dem die Geschichte der menschlichen Art aufgezeichnet würde: »La storia del genere umano si sta registrando su un grande nastro magnetico ... «
Damit, so der Pater, sei eine der wichtigsten Erfindungen der Neuzeit angesprochen, das Magnetband. Mit dessen Hilfe könnten ja nicht nur Töne und Bilder gespeichert,

sondern auch Signale aus anderen Daseinsebenen empfangen werden. Er sprach von der »Tonbandstimmenforschung«, die es sich zur Aufgabe gemacht hat, einen technischen Beweis für das Überleben des Todes zu liefern.

Pater Ernetti versteht die Nostradamus-Verse so, daß das »große geprägte Band« noch vor dem Ende des zweiten Jahrtausends den Menschen ihre Geschichte zugänglich machen würde.

Ernetti, 1926 geboren, hat am »Konservatorium Benedetto Marcello« in Venedig den einzigen Lehrstuhl der Welt zum Thema »Archaische Musik« (Präpolyphonie). Er studiert die Musik vor dem Jahr 1000 n. Chr. bis ins 11. Jahrhundert v. Chr., als es noch keine schriftlichen Aufzeichnungen, geschweige denn Noten gab.

Als Philosoph, Theologe und Parapsychologe hat Pater Ernetti unter anderem 72 Bände über die Probleme des liturgisch-musikalischen Kultes veröffentlicht und 54 Schallplatten mit archaischer Musik bespielt.

Der Pater erinnert sich: »Vor allem interessiert mich der Rhythmus der antiken Musik. War er dem der modernen Musik ähnlich? Die ersten Untersuchungen machte ich an der katholischen Universität von Mailand mit Pater Gemelli.«

Auf der Insel San Giorgio im Golf von Venedig wurde 1955 der erste und bisher einzige Lehrstuhl für Präpolyphonie gegründet und Pater Ernetti anvertraut. Er konnte Experten aus aller Welt einladen und zusammen mit ihnen und zwölf größtenteils ausländischen Wissenschaftlern an einem Projekt arbeiten, das unter großer Geheimhaltung schließlich zur Entdeckung des »magnetischen Bandes« geführt haben muß, jener »unsichtbaren Spur« des Nostradamus.

In seinem Vortrag sprach Ernetti das Thema nur vorsichtig an, in der komplizierten Möglichkeitsform (Konditional), niemals in der ersten Person.

Ernetti: »Einige Wissenschaftler versichern, daß es ihnen gelungen ist, die Licht- und Schallwellen (onde visive e sonore) der irdischen Vergangenheit zu empfangen. Sie sagen, daß sie nicht nur das Leben jedes einzelnen Menschen rekonstruieren könnten, sondern geradezu die gesamte Geschichte.«
Was in zahlreichen Science-fiction-Romanen geschildert wird, ist Thema dieses wissenschaftlichen Vortrags: Die Zeitmaschine. Hollywood-Strategen wie Steven Spielberg oder Robert Zemecki (»Zurück in die Zukunft«) haben solche Visionen erst in jüngster Zeit genial für die Leinwand umgesetzt. Soll es ein solches Gerät nun wirklich geben?
Pater Ernetti: »Die mir bekannten Wissenschaftler gehen davon aus, daß es ein Prinzip der höheren Physik gibt. Sie erklären, daß jeder von uns nach und nach das, was in Sekunden, Stunden, Tagen, Monaten und Jahren geschieht, als visuell-akustische Doppel-Spur zurückläßt. Unsere gesamte Physiognomik (Ausdrucksdeutung; d. Red.) besteht aus Licht- und Schallenergie. Unsere gesamte Haut sendet Wellen aus, die mit denen einer anderen Person in Übereinstimmung (sintonia) treten können, wobei sich Sympathie herstellt. Oder sie sind disharmonisch und rufen jene instinktive Antipathie hervor, die sonst nicht erklärbar ist. Auch die Wörter, die wir aussprechen, sind Schallenergie. Nun wird keine je ausgesandte Energie zerstört, bestenfalls kann sie sich wandeln. Sie schwingt aber ewig im Kreise im Raum.«
Weiter sagte Pater Ernetti: »Es sind naturgemäß Instrumente erforderlich, die diese Energien empfangen und sie so rekonstruieren können, daß sie uns einzelne Personen oder geschichtliche Ereignisse wiedergeben!«
Ernetti umschreibt vorsichtig auch die Funktionsweise des »Chronovisors« (übersetzt etwa mit »Zeitseher«). Danach besteht die Apparatur aus drei Gruppen von Elementen. Die erste Gruppe setzt sich aus einer Reihe

von Antennen zusammen, die aus verschiedenen Metall-Legierungen geformt sind. Diese sind miteinander verbunden, um »alle oder fast alle verschiedenen Qualitäten der elektromagnetischen oder nicht-elektromagnetischen Wellen zu empfangen, die im Raum existieren«.
Pater Ernetti: »Eine zweite Gruppe von Elementen wird von Apparaturen gebildet, die mit Lichtgeschwindigkeit das rekonstruieren, was im Raum gesucht wird, und dabei Bilder und Töne auswählen. Die dritte Gruppe schließlich reproduziert wie ein Fernsehgerät Bilder und Töne.«
Für die italienische Zeitschrift »Oggi« traf sich die Journalistin Anita Pensotti mit dem aus der Marche stammenden Professor Guiseppe Marasca, Präsident der »Mittelschule Amedeo di Savoia« in Jesi, der bereits vor Jahren auf die Arbeiten des Paters Ernetti gestoßen war und in Andeutungen vom »Chronovisor« bereits in dem Magazin »Civilta delle macchine« (etwa: Kultur der Maschinen) gelesen hatte.
Während mehrerer Besuche bei Ernetti gelang es dem Professor, das Vertrauen des Benediktinermönchs zu gewinnen. Es wurde ihm schon bald klar, daß er es nicht mit einem Schwindler zu tun hatte. Ernetti hatte seine Experimente mit Pater Agostino Gemelli begonnen, der von 1919 bis zu seinem Tod 1959 Rektor der katholischen Universität »Ambrosia des Heiligen Herzens« war und nur solche Mitarbeiter akzeptierte, die mit überdurchschnittlich intellektuellen Fähigkeiten begabt waren.
Nach Aussagen von Pater Ernetti soll sein Mitbruder Gemelli am 17. September 1952 im Physikraum der Universität die erste paranormale Stimme aufgezeichnet haben. Vor dem Schweden Friedrich Jürgenson müsse er daher als der Entdecker der technischen »Jenseits-Kommunikation« bezeichnet werden.
Professor Marasca war fasziniert von den Erläuterungen

des Paters. Bei jedem Besuch versuchte er, dem Mönc ein Stück seiner Reserviertheit zu nehmen. So erfuhr er nach und nach, daß die als »Chronovisoren« bezeichneten Maschinen ziemlich umfangreich seien und daß sie eine besondere Wirkung auf die Zuschauer haben müßten. So sehr, daß eines Tages Pater Ernetti den Professor fragte: »Entschuldigen Sie, leiden Sie an Herzbeschwerden?«

»Nein, nein, es geht mir gut«, antwortete Marasca. »Warum?«

»Weil ich Ihnen versprochen habe, daß Sie zu einem geeigneten Zeitpunkt meine Geräte sehen werden. Und Sie werden erschrecken, wenn die Bilder und Töne herauskommen. Es ist zum Zittern!«

Zu dieser Zeit beschäftigte sich Professor Marasca mit einem Essay, das er über die antike Oper »Tieste« von Quintus Ennius schreiben wollte, die, wie gesagt, im Jahre 169 vor Christus während der Apollinarischen Spiele in Rom aufgeführt worden war und später nahezu vollständig zerstört wurde, weil sie für die damalige Zeit zu revolutionär schien.

Es gab daher nur fünfundzwanzig Fragmente, die von den lateinischen Autoren Probius, Nonius und Cicero stammen.

Pater Ernetti forderte Marasca auf, ihn um eine Demonstration des »Chronovisors« zu bitten. »Ich kann mit meinen Geräten jeden beliebigen Text empfangen: in Griechisch, Ägyptisch oder Latein.« Der Professor wählte die lateinische Sprache und präzise die Oper »Tieste«.

Schon nach kurzer Zeit hielt Professor Marasca – nach Recherchen der Journalistin Anita Pensotti – den Text und die rekonstruierten Noten des Ennius-Werkes in den Händen.

Marasco war von diesem phänomenalen Geschehen so verblüfft, daß er die Blätter fünf Jahre lang eifersüchtig in

…ssette verschlossen hielt. Erst auf Drängen der …n Pensotti und nach Rücksprache mit Pater …laubte er der Zeitschrift »Oggi«, einige Teile exklusiv zu veröffentlichen.

Im Begleitartikel zum Abdruck fragte Anita Pensotti, ob der Professor denn nie versucht habe, etwas über die Art und Weise zu erfahren, mit der die Maschine über Zeit und Raum hinweg die Musik und den Text wiederhergestellt habe.

»Ja, ich habe es versucht«, räumte der Professor ein. »Aber ich hatte keinen Erfolg. Ich glaube jedoch, daß die Szenen der Tragödie aufeinander folgten wie bei einer Fernsehsendung. Pater Ernetti muß dann Verse und Noten aufgezeichnet und später abgeschrieben haben.«

»Oggi« findet die mögliche Entwicklung eines »Chronovisors« erschütternd und zwar schon deshalb, weil sich die Geräte nicht darauf beschränken, die ferne Vergangenheit abzubilden wie etwa die Leidensgeschichte Christi oder den Zerfall des römischen Imperiums, sondern auch rekonstruieren könnten, was sich zwei Minuten vorher ereignet habe.

Eines Tages berichtete Padre Ernetti, daß es ihm gelungen sei, einen großen Diebstahl zu verhindern, indem er die Pläne der Gangster registrierte und die Polizei benachrichtigte.

Pater Ernetti schließt nicht aus, daß wir schon in ein paar Jahren zu Tonbandgerät, Radar, Computer, Videokassette und Mini-Bildschirm auch einen »Chronovisor« für den Hausgebrauch besitzen könnten.

»Damit wäre es möglich, in den Gedanken unseres Nachbarn herumzustöbern, und das ›Weiße Haus‹ könnte keine Geheimnisse mehr vor dem ›Kreml‹ haben«, spekuliert »Oggi« und fährt fort: »Was aber, wenn sich das Gegenteil ereignet? Wenn die Furcht vor diesen Maschinen, die eines Tages miniaturisiert sein

könnten und sich in unseren Taschen befänden, die Menschen dazu zwingen würde, endlich ihren Charakter zu verändern und den Lehren des Evangeliums zu folgen, den Nächsten wie sich selbst zu lieben? Das ist wünschenswert. Inzwischen – zum Wohle aller – sollten wir die Arbeit von Pater Pellegrino Ernetti und seinen ›Chronovisor‹ nicht aus dem Auge verlieren!«
Der Mainzer Physik-Professor Dr. Ernst Senkowski, der den Vortrag Ernettis in Trento ins Deutsche übertragen hat, spart nicht mit Anmerkungen.
So zweifelt er die Existenz eines magnetischen Bandes um die Erde herum »auf der Basis der Energieerhaltung« an.
Senkowski: »Es dürfte sich dabei eher um einen medialtechnischen Zugang zu einer Art kosmischen Gedächtnis handeln, das in alten Schriften als ›Akasha-Chronik‹ bezeichnet wird. Auch ein überraumzeitliches metaphorisches Informationszentrum wäre möglich. Ernetti spricht davon, daß die Licht- und Schall-Energien nicht zerstört werden können, sondern sich nur wandeln und im Raum verbleiben. Nach dem gegenwärtigen physikalischen Wissen würden dagegen die energetischen Formen im allgemeinen Rauschen untergehen und nicht reproduziert werden können.«
Die Beschreibung der Apparatur und ihre Unterteilung in drei verschiedene Gruppen hält Senkowski für interessant, zumal Ernetti erkläre, daß es eine »Osmose« (etwa: Übergang. D. Red.) geben müsse zwischen einer dies- und jenseitigen Welt.
Senkowski: »Ich sehe noch eine andere Schwierigkeit. Wie läßt sich feststellen, daß die von den ›Chronovisoren‹ dargestellten Ereignisse, wie etwa die Tragödie ›Tieste‹, tatsächlich damals in genau dieser Form abliefen?«
Unleugbar ist freilich, daß ein Mönch und Hochschullehrer vor zahlreichen Zuhörern von der Existenz eines

Apparates spricht, der bisher in die Trickkiste Hollywoods gehörte.
Aber warum soll sich in der Stille eines Klosters nicht ein phantastischer Menschheitstraum entwickelt haben?
Für uns jedenfalls ein Grund für eine zweite italienische Reise.

Bibliographie

Einige in diesem Buch verwendeten Zitate stammen aus folgenden Veröffentlichungen:

Werner F. Bonin (Herausgeber): »Lexikon der Parapsychologie«
Jochen Bleicken: »Die Etrusker« – Propyläen-Weltgeschichte
Erich von Däniken: »Besucher aus dem Kosmos«
Erich von Däniken: »Erscheinungen«
Hans-Peter Dürr (Herausgeber): »Physik und Transzendenz«
Johannes Fiebag: »Die geheime Botschaft von Fatima«
Paola Giovetti: »Blutvolle Botschaften«, Esotera 9/86
Rainer Holbe: »Knaurs Lesefestival der Unglaublichen Geschichten«
Hummer/Jungwirth: »Medjugorje«
Dorothy Mclean: »Du kannst mit Engeln sprechen«
Anita Pensotti: »Ho la macchina del tempo« – Oggi 44/86
Jane Roberts: »Gespräche mit Seth«
Peter Russell: »Die erwachende Erde«
David Zink: »Von Atlantis zu den Sternen«

Die Sendereihe »Unglaubliche Geschichten« von Rainer Holbe wird jeden Samstag von 9 bis 11 Uhr im Hörfunk und jeden zweiten Samstag gegen 22.30 Uhr im deutschen Fernsehprogramm von Radio Luxemburg – RTL PLUS – ausgestrahlt.

Esoterik

Koechlin de Bizemont, Dorothée: Karma-Astrologie
Das Horoskop als Spiegel vergangener Leben. Die Karma-Astrologie setzt dort ein, wo die normale Astrologie aufhört: bei jenen Leben, die vor dem jetzigen liegen. Die Erfahrung unserer früheren Leben spiegelt sich in unserem Geburtshoroskop wider. Welche Erkenntnisse wir daraus gewinnen können, vermittelt dieses Buch.
368 S. mit zahlr. Abb. Band 4131

Mangoldt, Ursula von: Schicksal in der Hand
256 S. mit 72 Abb. Band 4104

Meyrink, Gustav: Das grüne Gesicht
224 S. Band 4110

Meyrink, Gustav: Der Engel vom westlichen Fenster
Dieses tiefgründige Werk zeigt Meyrink noch einmal auf dem Höhepunkt seiner einzigartigen Kunst kühner Phantastik.
576 S. Band 4125

Musashi, Miyamoto: Das Buch der fünf Ringe
Eine klassische Anleitung zur Strategie – ein exzellentes Destillat der fernöstlichen Philosophien. Es kann auch Ihr Leben verändern!
144 S. Band 4129

Pollack, Rachel: Tarot – 78 Stufen der Weisheit
Rachel Pollack gelingt hier eine geniale Synthese zwischen der Vermittlung tiefenpsychologischen Wissens und dessen praktischer Handhabung bei der Lösung von Konflikten.
400 S. mit 100 Abb. Band 4132

Rajneesh, Bhagwan Shree: Komm und folge mir
360 S. mit zahlr. Abb. Band 4120

Ram Dass: Schrot für die Mühle
200 S. Band 4117

Rawson, Philip: Tantra
192 S. mit 198 z. T. farb. Abb. Band 3663

Rawson, Philip und Laszlo Legeza: Tao
184 S. mit 202 Abb. Band 3673

Ropp, Robert S. de: Das Meisterspiel
288 S. mit 17 Zeichn. Band 4109

Ryzl, Dr. Milan: Parapsychologie
256 S. Band 4106

Sakoian, Frances und Louis S. Acker: Das große Lehrbuch der Astrologie
560 S. Band 7607

Shah, Idries: Wege des Lernens
336 S. Band 4144

Stearn, Jess: Der schlafende Prophet
Prophezeiungen in Trance (1911–1998).
304 S. Band 4124

Stelter, Alfred: PSI-Heilung
352 S. Band 4115

Sugrue, Thomas: Edgar Cayce
448 S. Band 4107

Timms, Moira: Zeiger der Apokalypse
288 S. mit 24 Zeichn. und Fotos. Band 4108